AF474255

DES

EAUX THERMALES SULFUREUSES

DE CAUTERETS

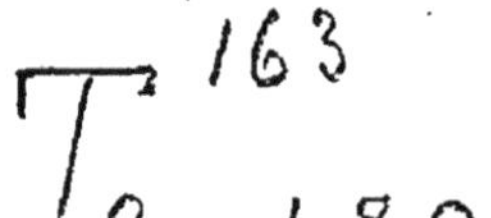

DES

EAUX THERMALES

SULFUREUSES

DE CAUTERETS

SOUVENIRS CLINIQUES DE THÉRAPEUTIQUE HYDRO-MINÉRALE

dédiés

A M. LE Dr DUPRÉ

Professeur de clinique médicale à la Faculté de Médecine de Montpellier

ET PRÉCÉDÉS

D'UNE DESCRIPTION DE CAUTERETS ET DE SES ÉTABLISSEMENTS THERMAUX, DU NOMBRE DE SES SOURCES SULFUREUSES ET DE LEUR COMPOSITION CHIMIQUE;

PAR LE Dr C. DROUHET

Médecin en chef de l'Hôtel-Dieu de Blaye, médecin aux eaux thermales de Cauterets,
Membre correspondant de la Société d'Hydrologie médicale de Paris,
Membre correspondant et lauréat de la Société de Médecine de Bordeaux,
etc., etc.

On pourrait peindre en trois mots le mode d'action des eaux : 1° augmenter et réveiller le mal ; 2° le déplacer ; 3° l'user.

FONTAN ; *Recherches sur les Eaux minérales des Pyrénées.*

Mais dans les discussions de cette nature, les faits valent mieux que les meilleurs raisonnements, et c'est aux faits seuls qu'il faut en appeler.

H. de CASTELNAU ; *Moniteur des Hôpitaux : Coup-d'œil sur la dernière séance de l'Académie de Médecine, à propos de la discussion sur la guérison radicale du kyste de l'ovaire.*

BORDEAUX

IMPRIMERIE G. GOUNOUILHOU, PLACE PUY-PAULIN, 1.

1858

A MONSIEUR LE DOCTEUR DUPRÉ,

PROFESSEUR DE CLINIQUE MÉDICALE A LA FACULTÉ DE MÉDECINE DE MONTPELLIER.

MONSIEUR ET TRÈS-HONORÉ PROFESSEUR,

Au mois de juillet 1852, je quittais Blaye et me rendais aux eaux thermales de Cauterets, pour donner à ma santé des soins qu'une piqûre anatomique avait profondément altérée.

En m'arrachant aux préoccupations d'une nombreuse clientèle, et après avoir exercé pendant quinze ans la médecine, j'ignorais alors, que ce passé, renfermé dans les modestes limites d'une petite ville, serait brisé à jamais, et que j'irais me jeter, moi inconnu, aux hasards aventureux d'une nouvelle existence médicale, sans guide, sans boussole, au milieu des chances si incertaines du succès.

Aussi, en voyant s'accomplir, au moment le plus inattendu et dans sa forme la plus séduisante, un de ces rêves aimés — qui disent avenir, — je m'arrêtai indécis devant cette réalité, accueillie d'abord avec enthousiasme, puis bientôt repoussée par les sévères lois de la raison.

Je m'effrayais, en effet, de cette brusque séparation qui se faisait à la fois et dans mes habitudes et dans mes intérêts, et de cet abandon si complet d'une clientèle que je devais à de longues années de pénibles travaux ; je reculais aussi, Monsieur, il faut bien l'avouer, devant la tâche si délicate mais si flatteuse pourtant de vous succéder, et de succomber encore sous le fardeau brillant des souvenirs que vous laissiez dans nos montagnes.

Six années se sont écoulées!

En évoquant ces souvenirs, dernier regard qui tombe sur un passé qui n'est plus, mais en me félicitant hautement et de ce hasard et de cette noble amitié qui m'ont fait médecin dans cette localité thermale, vous me permettrez sans doute, Monsieur, en inscrivant votre nom au frontispice de ces pages écrites, — feuilles volantes sans lendemain peut-être, — de ne pas oublier ceux de mes Confrères qui m'ont soutenu, encouragé de leurs conseils et de leur concours, et de leur envoyer, à travers l'espace, une parole de remercîment.

Accueillez donc, Monsieur et très-honoré Confrère, avec cette bienveillance qui jamais ne m'a fait défaut, ce premier essai, — *Souvenirs cliniques de thérapeutique hydro-minérale*, — écrits d'une main trop inhabile sans doute, mais du moins recueillis au milieu de ces belles montagnes que vous avez tant aimées, et que si longtemps vous avez remplies du bruit de vos succès; et bien qu'ils soient peu dignes de vous, vous daignerez aussi, Monsieur, les agréer encore comme l'hommage profond de mes sentiments de loyale reconnaissance.

C. DROUHET, D.-M.

Blaye, 1er mars 1858.

AVANT-PROPOS.

La vie des eaux, depuis quelques années déjà, a pris en France une large place dans nos mœurs, dans nos habitudes sociales; et ce goût, qui chaque jour va croissant, qui s'est assis en maître au foyer domestique, ce goût est devenu une des nécessités les plus actuelles, un des besoins les plus impérieux de notre époque.

Voyager, aller aux eaux..., est aujourd'hui le rêve de tous; c'est la parole magique qui court de proche en proche, qui vole de bouche en bouche, qui nous apporte au réveil un regret, un bonheur, à tous une espérance. Chacun de nous la fête, de tous elle est la bienvenue. Son influence est grande, son élan irrésistible; elle va partout, partout elle pénètre; elle se répand partout..., dans toutes les classes de la société.

Des communications plus faciles, le merveilleux accroissement de la fortune publique, le besoin d'imitation, — ce trait si distinctif du caractère national, — et plus encore, ces voies ferrées, — magnifique création du génie de l'homme, — en effaçant les distances, ont le plus contribué à ce progrès, ont aidé puissamment à sa réalisation.

Tous les ans, en effet, à la même époque, et comme à un signal donné, notre population s'ébranle, et, de tous côtés, une foule impatiente, avide d'émotions, curieuse de voir, s'élance sur nos plages, — *Océan, Méditerranée;* — envahit nos thermes, — *Luchon, Cauterets, Vichy,* etc., etc.; — court en Suisse, en Savoie, en Allemagne; — on est partout, — partout, excepté chez soi.

Au milieu de toutes ces stations, dont les attraits divers appellent à elles un concours de si nombreux visiteurs, *les Pyrénées,* qui sont, avant tout, une des plus belles contrées du monde, s'offrent à nous tous, — malades et médecins, artistes et voyageurs, — comme la plus merveilleuse et la plus imposante des choses d'ici-bas. Où trouver, en effet, des eaux minérales plus variées, plus abondantes; un climat plus doux, un ciel plus pur, un air plus vif et plus riche; où trouver des sites plus sauvages, des vallées plus riantes, une nature plus jeune, plus splendide, plus sublime, même dans ses écarts les plus effrayants; où trouver, enfin, une société plus facile, de mœurs plus polies, plus élégantes, d'une distinction plus rare et plus parfaite?

Mais, qu'on ne l'oublie pas, *cette vie des eaux, ces voyages* que la mode, que la fortune oisive ont placés sous leur brillant patronage, ne sont pas seulement, ne sont pas toujours une heure de plaisir, une fantaisie coûteuse, une distraction d'un jour. Bien triste est souvent leur réalité ! Dans ce wagon qui vous emporte, à côté des séductions de la route, des émotions qu'elle vous promet, des surprises charmantes qu'à chaque pas elle vous ménage ; auprès de vous, dans ce wagon qui dévore l'espace, s'est assise la douleur, se cache la souffrance ; — *c'est la maladie,* — la maladie qui voyage, la maladie qui se rend aux eaux...., mais pour réclamer ses droits à la santé, et ses droits sont sacrés.

Aussi, en présence de cette fortune inouïe de nos établissements thermaux, en présence d'une prospérité à laquelle rien n'a manqué, ni la puissante beauté des lieux, ni l'industrieuse activité de ses habitants, ni même le concours de l'État, — la science, qui, elle non plus, ne leur a jamais fait défaut, n'a pas failli à ces nouveaux devoirs, — elle a répondu à tous ces besoins.

Pour ces douleurs, pour ces souffrances, pour consoler et guérir ces malades, si dignes d'intérêt, si dignes de nos égards, elle a fait appel à tous les dévouements, à toutes les intelligences, — *médecins, chimistes, géologues;* — et elle aussi a voyagé : la première, elle a gravi ces monts, elle a parcouru ces vallées ; la première, elle a fouillé les entrailles de la terre pour en étudier les richesses, pour en surprendre les secrets ; la première encore, elle a interrogé ces fontaines, elle a exploré ces sources ; elle en a défini les caractères, établi les différences, signalé les diverses propriétés médicales. Les *Bordeu*, — nos maîtres à tous, — *Anglada, Patissier, Fontan, Filhol*, et tant d'autres, tous, — dans le passé, dans le présent, — tous, par leurs travaux, par leurs recherches, par leurs analyses, ont créé cette fortune, ont grandi cette prospérité, en consacrant à jamais la vérité curative des eaux minérales.

Les eaux minérales sont donc une vérité !

Et nous aussi, qui ne savons pas nous faire illusion, mais qui, dans le cours de notre pratique thermale, n'avons pu méconnaître toutes ces richesses minérales qu'une main vraiment providentielle a si généreusement prodiguées à Cauterets ; nous aussi, dans les limites si restreintes de notre pouvoir, nous avons voulu apporter à cette belle cité la modestie de notre labeur, et nous acquitter envers elle de la dette qu'il était de notre devoir de nous imposer.

Mais à ce moment, où seul, en face de nous-même, où sans défense aucune, nous nous présentons au jugement de nos Confrères, au jugement du Public, — l'œuvre ne grandit pas par le nom qu'on invoque ; — à ce moment où réclamant pour nous, où demandant pour elle, — indulgence et bon accueil, — nous sentons nos craintes redevenir plus vives, redoubler nos anxiétés, de tous les instants être nos préoccupations.

Toutefois, qu'il nous soit permis, avant d'entrer en matière, avant de parcourir pas à pas ces nombreuses richesses çà et là disséminées dans la montagne, qu'il nous soit permis de jeter un coup d'œil sur ces lieux, — ces lieux si tristes et si sombres aux temps des rudes hivers, — corps glacé par le froid, enfoui sous les neiges, mais que, au retour des chaudes et belles journées d'été, secouant joyeusement les glaces de son manteau, galvanise de son souffle vivifiant la foule brillante qui s'y donne rendez-vous.

CAUTERETS.

I

Si l'on parcourt les Pyrénées, et que, — des villes de Tarbes ou de Pau, l'on se dirige sur Cauterets, — l'on ne tarde pas à pénétrer dans la montagne, et l'on arrive à l'extrémité de la vallée d'Argelès, — au village de *Pierrefitte*, — dernière station de ce voyage, dont les sites ravissants, la culture variée et la mâle beauté des montagnes, vous font oublier et la longueur et la fatigue.

A droite, se continue la route qui conduit à la cité thermale; — elle tourne brusquement sur elle-même, et s'élance, par de puissants contours habilement ménagés, jusque sur les hauteurs des gorges de Pierrefitte, — à l'entrée même d'un étroit défilé, défendu par de hautes montagnes, que l'on ne traverse pas sans effroi et que l'on ne poursuit pas sans de pénibles émotions.

Audacieusement taillée dans le granit, elle entre résolument au cœur de ces masses rocheuses, — droites, immobiles et toujours menaçantes; — leurs sommets se rapprochent et leurs bases se touchent, et la route, — constamment suspendue sur l'abîme, sans cesse côtoyant le Gave qui mugit et qui gronde à d'immenses profondeurs, — s'enroule et s'attache à ses flancs; elle brise au-devant d'elle les obstacles qui s'opposent à sa course, et s'appuyant enfin sur des ponts en marbre hardiment lancés dans l'espace, elle s'avance à travers les difficultés les plus inouïes, — creusant lentement son pénible sillon dans cette nature morte et désolée.

Mais la scène change, et s'ouvre enfin la vallée. — Le ciel a plus d'ampleur, et son azur est plus bleu; la culture renaît, le paysage grandit et s'anime; les montagnes elles-mêmes s'éloignent et semblent s'abaisser: et le voyageur, — perdu dans la contemplation de ces nouveaux aspects, parés de tout le magique prestige de leur sauvage beauté, — arrive à Cauterets, oublieux d'un danger qui n'est plus, oublieux aussi des impressions si vives que son âme a subies, mais conservant encore le souvenir de ce sublime désordre, — spectacle triste, mais toujours imposant!!!

II

A l'extrémité de cette vallée, longue, étroite, sinueuse, — bassin gracieux formé par des prairies, planté de riches bouquets d'arbres, et dont les replis montueux voilent à chaque pas la belle végétation, — Cauterets, fermé de tous côtés par de hautes montagnes, occupe, sur le versant méridional d'un mamelon touffu, et à mille mètres au-dessus du niveau de la mer, — un des points les plus agrestes et les plus reculés du département des Hautes-Pyrénées.

C'était jadis un village, — bien modeste, — à peine composé de quelques cabanes, simples demeures de ses pâtres; mais la fortune oublieuse a des retours heureux; elle a souri à cette pauvreté, et le village solitaire est devenu une jolie petite ville, pleine de confort et d'élégance, — grâce à l'intelligente activité de ses habitants, grâce surtout à la juste popularité de ses eaux minérales.

Le site en est riant et sévère. La ville est bâtie en amphithéâtre et domine sa vallée. A ses pieds est le Gave, — fou, désordonné, sans cesse retentissant; — derrière, le Pic-des-Bains, — la montagne aux entrailles fécondes, — se pare fièrement des thermes élégants qu'on y a édifiés.

Ses rues sont larges et belles, mais légèrement montueuses; — ses hôtels sont de marbre et ses balcons dorés; — ses maisons, vastes et d'une élégante simplicité, éclatent de blancheur.

Partout de l'ombre et des bois, partout des forêts, des ravins, des cascades, — filets d'argent qui tombent aux angles des rochers, — des villages épars animent ce tableau, tout empreint d'une étrange poésie, qu'encadre non loin de lui de ses âpres contours la chaîne de ses montagnes, — gigantesques murailles, — dont les contrastes puissants révèlent à jamais la suprême grandeur.

III

Jetés, — comme par enchantement, — au milieu de cette nature forte et vigoureuse, entourés aussi de toutes les ressources qui font la vie commode et facile, les étrangers qui, pendant la saison, se rendent à Cauterets, subissent dès leur arrivée le charme entraînant que leur inspirent ces belles contrées, et cèdent sans effort à l'influence si légitime qu'elles exercent sur leur imagination.

Tout, il est vrai, contribue à en assurer le prestige, tout contribue à en rendre le séjour agréable, mais tend surtout à maintenir au cœur de ses nombreux malades, ces douces espérances de guérison qu'ils portent avec eux, et que réalisent si fréquemment les vertus bienfaisantes de ses eaux minérales.

Ces sources sont là, — à côté d'eux : — pour eux, elles jaillissent du rocher, — chaudes, limpides, abondantes ; — ils les boivent et s'y baignent dans les magnifiques bâtiments qui leur sont consacrés.

L'air qu'ils respirent est pur, — tout pénétré d'odoriférantes senteurs : — il les vivifie, il ranime ces âmes ébranlées dans les luttes de la vie ; — il fortifie ces corps épuisés sous les rudes étreintes des longues souffrances.

Son ciel est vraiment beau, — en juillet, en août ;

— ses nuits sont étoilées, et les grandes chaleurs, sans cesse rafraîchies par les vents du nord qui parcourent sa vallée, y sont à peu près inconnues.

En ces jours-là, d'ailleurs, la vie, le mouvement, ont pénétré dans ce riant séjour où la nature a prodigué tous ses trésors de grâce et tous ses enchantements. La cité se réveille; ses baigneurs la raniment; ils sont partout, — dans la ville, dans la vallée; — *Cauterets* est brillant et la foule élégante; toutes les nations y sont représentées.

Quelques bals, des concerts, des réunions intimes, — amitiés de la veille que souvent un départ brise le lendemain, — sont les plaisirs qu'il donne. Ces plaisirs sont modestes; ils suffisent aux soirées et charment nos loisirs.

Aux plus souffrants, — il offre le calme et le repos, les agréments du paysage et la simple vie des champs.

Aux plus valides, — à ceux qui ne redoutent ni le danger ni les rudes fatigues, — les vives et puissantes émotions des courses dans la montagne, le bruit des cavalcades et les ascensions aux pics les plus élevés, — ces grands observatoires des horizons immenses et des plus magiques clartés.

Pour tous, enfin, — ses promenades, ses routes, ses chemins et les fleurs de ses sentiers. — L'accès en est facile et les pentes adoucies.

Ils sont nombreux.

Parmi les plus fréquentés, nous citerons le *Parc*, — dans toute son inculte beauté, — avec ses accidents de terrain, la fraîcheur de ses prairies, ses ruisseaux, ses ombrages touffus. C'était aussi la route de *Pierre-fitte*, — hélas! aujourd'hui bien délaissée. — Mais plus loin, derrière le Gave, est le *Mamelon-Vert*, — son heureuse rivale; — à peine née d'hier, elle a vite grandi et court joyeusement aux pieds du *Cambasque*, coupe ses ruisseaux, traverse ses prairies : elle est belle déjà! mais bien plus belle encore lorsque, — le soir venu, — la foule qui s'y presse, dominant en entier le merveilleux paysage dont les beautés étranges captivent le regard, étonnent la pensée, — de le contempler, — s'arrête éblouie.... l'œil plonge dans la vallée, — où le torrent blanchit et qu'il peuple de sa voix.

En face, le *Parc*; — il disparaît entièrement perdu sous les flots pressés de son épais feuillage; — il voit tout *Cauterets*, ses *thermes*, le *Pic-des-Bains* et sa riche ceinture, de prairies à la base, de forêts au milieu, au sommet de granit.

A gauche, — sur la hauteur d'un mamelon boisé, — c'est la *Grange de la reine Hortense* et sa poétique légende; — plus haut, c'est le *Lysé* et ses fauves sommets; — non loin de là, le *Pic-de-Viscos* et le *Col-de-Riou*.

A droite, au fond d'une gorge, — véritable entonnoir, — nue, décharnée, — dont les pitons neigeux s'embrasant au soleil, réfléchissent au loin l'éclatante blancheur, on aperçoit *Lutour*, son éblouissante cascade et la sombre verdure de ses sapins. — Plus près de nous, enfin, seule sur son plateau, isolée dans ses rochers, — c'est la *Raillère*, — la source populaire, la *reine de ces lieux*.

Et la saison se passe en ces enivrements; — elle a duré trois mois.

Mais septembre touche à sa fin, et chaque jour qui s'écoule efface au loin l'été, appelle les frimas. Le soleil brille encore, — et ses rayons plus pâles et sa chaleur plus douce, réchauffent, mais en vain, le vallon solitaire et dorent la cîme des forêts; — les feuilles tombent flétries, et se hâte l'hiver!

Déjà la neige apparaît au front de ses montagnes, les brouillards s'abaissent, et les pâtres, — conduisant leurs nombreux troupeaux, — descendent dans la vallée.

Cauterets se fait silencieux, et chacun pense au départ. — Touristes et baigneurs attardés, — tous ont fui, tous sont partis. — Mais tous, dans ce long adieu fait à nos belles montagnes, — adieu rempli des plus charmants regrets et des meilleurs souvenirs, — tous emportent avec eux une dernière espérance, — tous conservent au fond du cœur une douce pensée..., une pensée de retour.

Vous reviendrez, ô voyageurs! de toutes les patries!!!

DES

EAUX THERMALES SULFUREUSES

DE CAUTERETS.

PREMIÈRE PARTIE.

CHAPITRE Ier.

Considérations générales sur les Eaux minérales sulfureuses.

I

Dans cette longue série de richesses minérales que la nature a prodiguées sur tous les points de la France d'une manière si inégale, mais avec une si merveilleuse fécondité, les *Pyrénées*, qui furent la patrie du génie des *Bordeu* et le berceau de leur illustration, s'enorgueillissent de la part si large qui leur a été faite, et sont fières du nombre considérable de sources qu'elles possèdent.

Enfouies au sein de la terre, où elles puisent, dans

d'impénétrables profondeurs, les ingrédients et les qualités médicales qui doivent les différencier, ces sources, toutes ou presque toutes *thermales*, offrent à la thérapeutique, en vertu des principes qui les minéralisent et des modes habituels de leur emploi, un de ses agents les plus précieux, les ressources les plus variées, et à l'organisme souffrant, un de ses modificateurs les plus puissants et les plus continus.

En nous léguant ces belles fontaines et les souvenirs qui se rattachent à leur histoire, la tradition, cette fille du passé, en a consacré les vertus et célébré les bienfaits. Tous les peuples de l'antiquité ont connu et fréquenté les eaux minérales : leur usage se perd dans la nuit des temps; ils en avaient fait des divinités, et la reconnaissance leur dressa des autels. Le culte s'est éteint, le merveilleux a disparu, mais la croyance en ces eaux, survivant à toutes les révolutions du globe, s'est perpétuée d'âge en âge, et s'est transmise jusqu'à nous, enveloppée dans l'éclat séculaire d'une incontestable réalité.

Puis est venue la chimie. Elle s'empare de ces sources, et parvient, après bien des tâtonnements et d'infructueux essais, à déterminer leur composition minérale, et prend pour base de sa classification les principes qui y prédominent. Riche de ses découvertes, elle contribue dès lors aux progrès de la médecine hydrologique, popularise la pratique des eaux minérales, et, la relevant de l'empirisme grossier dans lequel elle était tombée, en rend désormais l'administration plus intelligente et les applications plus rationnelles.

Et s'il est vrai que cette science n'ait pu nous révéler encore le secret de leur virtualité curative, ni soulever le voile qui recouvre de mystérieuses combinaisons ; s'il est vrai surtout qu'elle ne puisse être pour le médecin un guide sûr et infaillible dans la spécialisation de leurs propriétés médicales, et qu'avec M. Patissier nous reconnaissions aussi que l'*abus des raisonnements chimiques est pernicieux en médecine*, il serait cependant injuste de dénier que nous devons, à de savantes recherches et à de patientes investigations, de marcher d'un pas plus ferme dans une voie sur laquelle planent et planeront longtemps encore bien des doutes et bien d'obscures difficultés.

Aussi, nous conformant à l'usage et suivant en cela l'exemple de nos devanciers, nous classerons *chimiquement* les sources des Pyrénées, et nous les diviserons en sources *sulfureuses*, en sources *ferrugineuses*, en sources *salines*, et en sources *salées* ou *chlorurées*.

Toutefois, de ces diverses catégories de sources thermo-minérales, auxquelles nous ne méconnaissons aucun des attributs qui ressortent de leurs composés chimiques et des propriétés *spéciales* qu'a signalées pour quelques-unes d'entre elles l'observation directe, les *eaux sulfureuses* sont et les plus nombreuses et celles dont l'étude clinique est réellement la plus importante à connaître : seules, en effet, au milieu de cette variété de sources qui jaillissent inépuisables des flancs de nos montagnes, seules elles possèdent au plus haut degré toute l'énergique activité de leurs principes constituants. Leur action sur l'économie est lente, souvent obscure, la *curation* toujours éloignée; mais on peut dire d'elles, et rappeler avec une haute vérité, ces paroles qui s'adressent à la généralité des eaux minérales : *Qu'il faut bien moins s'informer de la bonté des eaux à ceux qui les prennent, qu'à ceux qui les ont prises.*

D'ailleurs, elles constituent presque en totalité la fortune minérale de Cauterets, et sont destinées, en raison de leur multiplicité, des différences de thermalité et des proportions de principes qui existent entre elles, de l'altération même que l'on remarque dans quelques-unes de ces sources, à recevoir dans le traitement des maladies chroniques les plus larges applications, à s'adapter aux états pathologiques de nature et de caractère les plus opposés, et à réaliser, pour le médecin, les indications les plus variées de la médication sulfureuse.

II

« Toutes les eaux sulfureuses des Pyrénées, dit le » docteur Fontan [1], malgré les quelques légères modifications qu'apportent dans leur constitution les » terrains par où passent et jaillissent ces eaux, se » divisent en sources sulfureuses *naturelles, primordiales* ou par *composition*, et en sources sulfureuses

[1] *Recherches sur les eaux minérales des Pyrénées.*

» *accidentelles, secondaires* ou par *décomposition* [1]. »

Les premières, qu'Anglada a désignées sous le nom d'*eaux hydrosulfatées alcalines*, sont *géologiquement* thermales; elles naissent toutes des terrains primitifs ou à la limite de ces terrains, et se distinguent de toutes les eaux minérales par la faible quantité de matériaux qu'elles entraînent, par l'extrême volatilité de leur principal élément, le *soufre*, et par la grande activité médicale qu'elles ont en partage.

Les caractères physiques et chimiques de ces sources sont toujours identiques.

Les deuxièmes, au contraire, provenant de dépôts de matières en décomposition, sont *chaudes* ou *froides*, d'une sulfuration le plus souvent considérable, l'odeur et la saveur très-prononcées. Ces sources s'échappent des terrains secondaires ou tertiaires.

Cependant, malgré cette richesse de minéralisation, ces eaux sont faibles, peu énergiques, et peuvent être considérées comme des sources primitivement *salines*, auxquelles elles empruntent la plupart de leurs propriétés médicinales.

Les différences que nous venons de signaler, diffé-

[1] C'est à dessein que nous n'avons pas compris dans cette division les *sources sulfureuses accidentelles*. Ces sources, primitivement *sulfureuses naturelles*, mais mal aménagées ou en contact avec l'air extérieur dans leur parcours, ont perdu tout ou partie de leur sulfuration. De là, des modifications importantes dans leur composition chimique; de là aussi, de nouvelles propriétés médicales. Nous aurons à nous occuper d'elles en faisant l'histoire thérapeutique de Bruzaud, qui nous offre un des spécimens les plus remarquables de ce genre de sources.

rences qui reposent à la fois sur leur origine géologique, sur la thermalité et sur la composition de ces sources, et plus encore sur le degré de puissance de leur activité physiologique, ces différences, disons-nous, sont aussi absolues que les lois qui président à leur formation; elles ne souffrent jamais d'exception.

III

Les eaux thermales de Cauterets appartiennent à la classe des *eaux sulfureuses naturelles*, et sourdent du *granit* et du *schiste siliceux primitif*.

Leur signalement générique est aussi identique; mais elles doivent à une fixité plus grande des sels qu'elles contiennent, du *principe sulfureux* surtout, principe si fugace et si mobile de sa nature, de conserver en entier leurs qualités physiques, et de ne subir au bain aucune de ces altérations rapides et immédiates que l'on observe dans les sources de plusieurs de nos établissements les plus justements renommés. Elles ne déposent pas de *soufre;* elles ne se colorent pas en *jaune-verdâtre;* elles ne *bleuissent* pas et ne *blanchissent* ni dans les réservoirs ni dans les baignoires.

Ces eaux sont limpides, incolores et d'une transparence parfaite. Elles dégagent spontanément des *gaz azote*, et les sels d'*argent* et de *plomb* les précipitent instantanément en *brun-noirâtre*. Elles verdissent aussi le *sirop de violettes*.

Leur densité, enfin, ne diffère pas sensiblement de l'eau distillée ordinaire, et leur température, malgré ou plutôt à cause des différences minimes que l'on y observe, est *invariable*.

La thermalité de nos sources s'élève de 29 à 61 degrés centigrades.

Douces et onctueuses au toucher, d'une saveur franchement hépatique, ces eaux, quoique très-riches en silice, ne dégagent sous forme gazeuse qu'une minime quantité d'*acide sulfhydrique*, et répandent autour d'elles une odeur spéciale d'*œufs cuits* et non pas d'*œufs couvis*, cette odeur exprimant leur décomposition par leur séjour à l'air ou par l'action d'un *acide*. (Fontan.)

IV

A ces propriétés physiques que l'on retrouve constamment dans les eaux *sulfuré-sodiques*, les eaux de Cauterets, comme elles encore, contiennent en dissolution et en des quantités déterminées, mais inégales, pour chaque source et pour chacun de ses groupes, des principes fixes, qui sont des *sulfures* de *sodium*, des *sulfures* de *calcium*, de la *silice*, etc., etc., et des matières organiques et inorganiques, la *barégine* et la *sulfuraire*.

On a confondu jusqu'ici ces deux produits de nos eaux sulfureuses, que des analogies plus apparentes que réelles ont fait presque similaires.

La *sulfuraire*, que nous devons à M. le Dr Fontan, que l'on voit flotter quelquefois dans les baignoires en longs filaments soyeux et d'une belle blancheur, mais que l'on trouve plus fréquemment dans les conduits ou canaux par où ces eaux s'écoulent, est une véritable *conferve*, douée d'une organisation et d'une vie qui lui sont propres. Elle se produit dans les eaux minérales sulfureuses *naturelles* et *accidentelles*, mais seulement à une température donnée, de 10 à 50 degrés centigrades.

La *barégine*, au contraire, est une substance *blanche*, *amorphe* et de *consistance gélatiniforme*. Elle n'est pas, comme la sulfuraire, un simple accident de température, car sa présence dans nos eaux est invariable; elle fait partie intégrante de leur composition minérale, non-seulement à titre de matière organique, mais elle y entre encore dans des proportions aussi variables pour chaque source que la plupart des autres ingrédients qu'elles renferment.

Les eaux de Cauterets sont une des localités thermales les plus richement pourvues de cette matière. On la trouve au griffon de chaque source, dans les canaux, dans les bassins, dans les réservoirs, où, à l'abri comme au contact de l'air, elle se dépose en *amas considérable* sous forme de *gelée* toujours *blanche*, quelquefois *grisâtre* ou *colorée en noir* par du sulfate de fer.

Quoique le rôle thérapeutique de la barégine n'ait pas été défini d'une manière bien rigoureuse, et qu'on ne puisse, dans l'état actuel de nos connaissances, préciser au juste le degré de son importance, il est difficile de penser qu'elle soit sans influence sur l'économie; il est bien plus difficile de croire qu'elle soit étrangère à la douceur, à l'onctuosité qui caractérisent ces sources, alors surtout qu'on l'y rencontre en abondance et qu'elle ne leur communique pas, en outre, quelques-unes de leurs proprietés les plus spéciales : « C'est à elle, sans doute, c'est à cette substance qu'il » faut attribuer ces propriétés particulières que les » praticiens ont depuis longtemps reconnues à certai- » nes sources de cette localité, à la *Raillère,* par » exemple. » (Dr Filhol; *Eaux minérales des Pyrénées.)*

Ces qualités sont dignes, en effet, de fixer notre attention, et sont trop remarquables pour ne pas leur consacrer, en temps utile, le développement qu'elles méritent.

V

Notre embarras est grand, au milieu des dissidences d'opinions que l'on remarque dans les travaux des chimistes au sujet de l'analyse des eaux *sulfuré-sodiques,* de présenter, d'une manière exacte et complète, le mode d'être dans ces eaux du *sulfure de sodium* et des *différents sels* qu'elles contiennent.

L'accueil qui a été fait à l'ouvrage de M. le Dr Filhol, nous engage à lui emprunter la partie de ses appréciations sur ce point si délicat et si important de chimie *hydro-minérale*, et de l'appliquer, mais seulement en ce qui les concerne, aux eaux thermales de Cauterets.

D'après cet habile chimiste, il résulte que :

1° Le soufre se trouve à l'état de *monosulfure* dans les eaux sulfureuses naturelles ;

2° Qu'il existe en cet état dans les sources de Cauterets ;

3° Que l'*alcalinité* de ces eaux est due à un *sulfure alcalin ;*

4° Que les eaux de Cauterets sont riches en *silice* et en *matière organique ;*

5° Que les principaux produits de l'altération que subissent les eaux *sulfurées sodiques* en présence de l'air, lui ont paru consister en des *carbonates*, des *silicates* et *hypersulfites* de *soude;*

6° Que les eaux de Cauterets laissent dégager peu d'*acide sulfhydrique.*

Voici, du reste, d'après Longchamps, ce qu'un litre d'eau de la *Raillère* renferme de principes constituants. Toutefois, nous ferons observer que ces eaux sont minéralisées par des quantités plus ou moins appréciables d'autres matériaux, tels que le *fer*, l'*iode*, *etc.*

Sulfure de sodium..............	0 gr. 0,19400
Sulfate de soude................	0 — 0,44247
Chlorure de sodium.............	0 — 0,49776
Silice...........................	0 — 0,61097
Chaux...........................	0 — 0,04487
Soude caustique................	0 — 0,03396
Barégine........................	traces.
Potasse caustique..............	traces.
Ammoniaque....................	traces.
	0 gr. 1,82743

En outre de ces analyses, nous donnons ci-après deux tableaux qui renferment, le premier, le degré de température et de sulfuration de toutes les sources sulfureuses de Cauterets, ainsi que ceux de la source dite des *œufs*, dont l'analyse n'a pas été faite, croyons-nous, jusqu'ici d'une manière bien exacte.

Ce tableau, nous le devons à la bonne obligeance de M. Broca, pharmacien à Cauterets, qui voudra bien recevoir ici nos sincères remercîments.

Le deuxième résulte d'opérations chimiques tout récemment exécutées par M. Latour, chimiste (1er septembre 1857), en présence de M. le docteur Dimbarre, médecin-inspecteur, de la bienveillance duquel nous le tenons. Ce tableau n'embrasse que les sources appartenant au *syndicat de la vallée.*

Tableau N° 1.

SOURCES DE CAUTERETS.

TEMPÉRATURE ET SULFURATION POUR 1 LITRE D'EAU DE CHACUNE D'ELLES.

César.	Au Griffon	49	»	0,0279	
	Buvette pavillon	48	50	0,0252	279
	Bassin d'arrivée en bas	46	50	0,0234	165
	Buvette établissement	44	50	0,0204	114
	Bains n° 1, robinet chaud	44	»	0,0165	
Les Espagnols.	Griffon	48	»	0,0268	
	Buvette pavillon	47	50	0,0225	261
	Bassin d'arrivée	46	»	0,0210	129
	Buvette	45	«	0,0192	132
	Bain n° 3	43	»	0,0129	

Pauze vieux.	Griffon	45	50	0,0225	225
	Buvette pavillon	45	50	0,0164	96
	Buvette établissement	45	»	0,0124	129
	Bain robinet chaud	41	»	0,0096	
Bruzaud.	Griffon	46	50	0,0255	
	Bassin d'arrivée	39	»	0,0125	
Pauze nouveau.	Buvette	47	»	0,0240	
	Bain chaud	44	»	0,0160	
La Raillère.	Griffon	39	50	0,0204	
	Buvette	39	50	0,0201	
	Cab. 16, robinet chaud	39	»	0,0165	
Pré.	Au Griffon	16	50	0,0204	
	Buvette	45	50	0,0168	
	Bain nº 6, robinet chaud	46	50	0,0160	
St-Sauveur	Griffon	36	»	0,0156	
	Bain nº 5	31	»	0,0069	
Mahourat.	Buvette	52	»	0,0195	
Les Œufs.	Cascade	56	»	0,0225	
	Griffon *A*	60	»	0,0031	
	Id. *B*	57	»	0,0143	
	Id. *C*	59	»	0,0228	
Bois et piscine.	Bains nº 1	43	»	0,0150	
	nº 2	41	»	»	

Tableau Nº 2. — 1857.

Le 1er septembre, MM. Latour, chimiste, et Dimbarre, médecin-inspecteur des établissements thermaux de Cauterets, recherchant la température et le degré de sulfuration des diverses eaux de la station des groupes du sud, la température extérieure étant à 27° centésimaux à la terrasse de la Raillère, à l'heure de midi, ont opéré sur 250 grammes de liquide, ou demi-litre, avec le *sulfhydromètre Dupasquier*.

La Raillère

Source chaude :
Au Griffon, température de l'eau, 40° centésimaux.
sulfuration.......... 1° 7/10.
Température du sud :
Au Griffon, température........ 38°
sulfuration......... 1° 7/10.

Observations. — L'eau sulfureuse amidonnée, additionnée de quelques gouttes d'acide acétique radical ou bien de chlorure de sodium jusqu'à précipité, afin de saturer l'excès d'alcalis qui s'y trouvent, soit à l'état de carbonate de soude, soit à l'état de silicate de la même base, a donné pour résultat la sulfuration suivante :

Celle traitée par l'acide acétique....... 1° 3/10; 4/10 de moins.
par le chlorure de barium, 1° 4/10; 3/10 de moins.

Cette opération prouve qu'on ne peut compter sur la fidélité du sulfhydromètre qu'autant qu'on a détruit au préalable l'action que l'alcali exerce sur l'iode.

Buvette. .... Température................. 40°
Sulfuration.................. 1° 7/10
Baignoire N° 14, à droite, près de la buvette :
Température................. 40°
Sulfuration.................. 1° 7/10

Ainsi, jusqu'ici la sulfuration est la même.

Baignoire N° 7, au milieu de l'aile droite :
Température................. 38°
Sulfuration.................. 1° 4/10
Baignoire N° 1, extrémité de l'aile droite :
Température................. 35°
Sulfuration.................. 1° 1/10

Mahourat....... Température.................. 50°
Sulfuration.................. 2°

Source des Œufs, tombant de la roche par la grande fissure granitique.
Température.................. 55°
Sulfuration.................. 2° 2/10

Dans une cuvette de sable, première en haut, à droite.

Température.................. 39°*
Sulfuration.................. 2° 5/10

Le Bois........ Température.................. 45°
Sulfuration.................. 1° 5/10

Pauze vieux, baignoire N° 4.
Température.................. 42°
Sulfuration.................. 1° 00

Même bain, préparé à 35°, coupé avec eau froide :
Sulfuration.................. 0° 7/10

Buvette dans l'établissement.

Température.................. 42°
Sulfuration.................. 1° 2/10

Au pavillon des buvettes.

Sulfureuse nouv^lle^. Température.................. 37°
Sulfuration.................. 0° 7/10

Pauze vieux..... Température.................. 44°
Sulfuration.................. 1° 3/10

César vieux...... Température.................. 46° 3/4
Sulfuration.................. 2° 2/10

Les Espagnols..... Température.................. 46° 1/4
Sulfuration.................. 2° 00

Buvette de César vieux, à l'embouteillage.

Température.................. 47° 3/4
Sulfuration.................. 2° 2/10

* Je l'ai trouvée à 60°, mais il y a mélange d'eau froide.

Buvette du grand Établissement.

César	Température	45°
	Sulfuration................	1° 8/10
Les Espagnols.....	Température	45° 1 8/10

Bain de César, au centre.

Eau chaude seule...	Température..............	44°
	Sulfuration................	1° 5/10
Bain préparé à 36°..	Sulfuration	0° 6/10

Bain des Espagnols, au centre.

Eau chaude seule...	Température	45°
	Sulfuration................	1° 5/10
Bain préparé à 36°..	Sulfuration................	1° 00
Bruzaud, à l'arrivée.	Température..............	40°
	Sulfuration................	1° 5/10

CHAPITRE II.

Des Sources et des Établissements thermaux de Cauterets;

DU MODE D'ACTION PHYSIOLOGIQUE DES EAUX SULFUREUSES.

I

Le département des Hautes-Pyrénées est, de toute la chaîne, celui qui compte le plus grand nombre de sources minérales. Les *eaux sulfureuses* surtout y sont répandues à profusion et projettent sur lui le vif éclat de leur renommée.

Parmi les établissements thermaux les plus considérables qui décorent ces riches et belles contrées, Cauterets, au centre des sites les plus montagneux et de l'aspect le plus sauvage, occupe, sans conteste et de temps immémorial, une des premières places. Ses sources sont nombreuses, puissantes, variées; elles s'y trouvent réunies dans les conditions les plus exceptionnelles de situation, d'hygiène et de beauté des lieux; elles se font remarquer des localités qui les environnent par l'heureuse graduation qui règne dans leur température, dans leur force et dans leur constitution minérale. Ses moyens hydrothérapiques sont complets, aussi multiples, dans leur forme et dans leur nature, que la forme et la nature mêmes des maladies que l'on y traite, et se prêtent admirablement à toutes les nécessités, à toutes les exigences qu'elles peuvent réclamer. Dans ce simple signalement, n'est-ce pas reconnaître à nos sources une grande diversité dans les indications curatives qu'elles ont à remplir? N'est-ce pas témoigner aussi de l'inégalité et de la multiplicité de leurs effets thérapeutiques? N'est-ce pas enfin justifier aux yeux de tous la faveur si constante et si justement méritée qui s'attache à cette station thermale, si largement dotée par la nature, qu'on la dirait résumer en elle tous les avantages que l'on trouve si rarement groupés dans une seule et même localité?

II

Les sources de Cauterets sont au nombre de quatorze, toutes sulfureuses, à l'exception de deux, et se divisent en trois groupes, que leur imposent rigoureusement leur situation topographique, les caractères différentiels qui les distinguent, et plus encore, les attributions thérapeutiques qui sont dévolues à chacun de ces groupes.

Disséminées dans la montagne, souvent même à des distances assez considérables les unes des autres, elles doivent à cet éloignement d'être recueillies dans des établissements entièrement distincts, qui se trouvent placés à l'*est*, à l'*ouest* et au *midi* de Cauterets.

Aucune d'elles, en effet, ne jaillit dans la ville;

car, « avec ses belles et abondantes sources, sa situa-
» tion dans un pays dont la beauté seule suffirait pour
» appeler les voyageurs, Cauterets eût été trop gâté
» par la fortune s'il lui avait été donné de rassembler
» toutes ses fontaines en un seul groupe [1]. »

Ces points établis, que nous retrouverons d'autant plus sérieux et réels que nous avancerons dans l'étude de ces sources, étude qui sera pour tous, nous osons l'espérer, la preuve démonstrative de leur valeur médicale, il ne sera pas sans intérêt de jeter un rapide coup d'œil sur ces groupes divers, d'en signaler les particularités les plus saillantes, les nuances si délicates qui les rapprochent ou les séparent ; de décrire les édifices qui les renferment, la position qu'ils occupent, et de dénombrer les ressources balnéaires ou autres dont chaque établissement est pourvu, et dont le merveilleux assemblage promet aux malades qui y sont dirigés la satisfaction la plus entière.

III

Sources de l'Est.

Ce groupe est le plus nombreux et l'un des plus importants de la localité ; il se fait remarquer par la richesse de sa sulfuration, par l'activité puissante de ses eaux et par la thermalité à peu près uniforme de la plupart de ses sources.

[1] Dr Bertrand, *Voyage aux Pyrénées.*

Il est situé à une assez grande élévation de la montagne à laquelle Cauterets est adossé, et qu'il domine entièrement. Deux étages de magnifiques galeries profondément creusées dans le *schiste siliceux primitif*, conduisent au point d'émergence des sources de ce groupe, à l'extrémité desquelles elles sont placées. Plus tard, réunies à l'entrée de la galerie inférieure, elles sont dirigées de ce point sur les établissements qui leur sont destinés.

La beauté et la solidité de ces travaux, exécutés sous l'habile direction de notre savant hydrologue M. l'ingénieur François, témoignent de la bonne captation de ces sources, et leur assurent, jusqu'au bassin d'arrivée, la parfaite intégrité de leurs éléments sulfureux.

Elles s'appellent *César nouveau*, les *Espagnols*, *Pauze vieux*, *Pauze nouveau*, *César vieux*, *Bruzaud*, *Saline* et *Rieumizet*; ces deux dernières non *sulfureuses*.

Deux de ces sources cependant, — ***César nouveau***, et les ***Espagnols***, — ont été descendues dans la ville au moyen d'un aqueduc parfaitement construit, et sont reçues, après un assez long trajet, sans perte sensible de chaleur et de sulfuration, dans un vaste bâtiment élevé sur la place des *Espagnols* : c'est le grand établissement, l'un des plus beaux thermes des Pyrénées au point de vue de ses aménagements et de son style architectural.

Il est divisé en deux parties égales, et les conduits par où passent les eaux sont disposés de telle sorte, qu'en aucun temps et en aucun cas elles ne peuvent se mélanger ni dans les réservoirs ni dans les baignoires.

A droite sont les *Espagnols ;* à gauche, *César nouveau;* au centre, deux buvettes; autour d'eux, de beaux et vastes promenoirs.

Chaque source alimente douze baignoires : six petites douches dites *du centre*, une grande douche n° 1, une grande douche écossaise n° 2, et une buvette; bains de pieds seulement aux *Espagnols.*

La température et la sulfuration de ces deux sources sont :

Pour *César,* 48° centigr. *sulfure de sodium* — 0g0,279.

Pour les *Espagnols,* 47° centig. *sulfure de sodium* — 0g0,261.

Pauze vieux (45° centig. *sulfure de sodium* — 0g0,225) est le premier des établissements que l'on rencontre sur le plateau du *Pic-des-Bains*, où l'on arrive par une belle et large route, dont les pentes ont été affaiblies autant que le permettaient les difficultés du terrain.

La construction en est récente et le style simple et élégant. Sa galerie vitrée, sa vaste salle d'attente, l'outillage si complet et si varié qui sert à son exploitation, le recommandent, autant que la bonne qualité de ses eaux, à l'attention des praticiens.

Comme pour les grands thermes de la ville, l'établissement de *Pauze vieux* avait été créé pour recevoir une branche de *César nouveau*, dont l'abondance est vraiment inépuisable. Mais, grâce à des fouilles nouvelles ; cette source suffit largement à tous les besoins.

On y compte quatorze baignoires, quatorze douches dites *du centre*, deux douches de force moyenne, une grande douche verticale et une buvette.

Pauze nouveau (47° centig. *sulfure de sodium* — 0g0,240), situé non loin des thermes de *Pauze vieux*, a subi quelques améliorations intérieures qui lui étaient indispensables. Cet établissement est propre, bien tenu et très-convenablement administré. Ses eaux sont abondantes et jouissent d'une réputation légitimement acquise; elles fournissent à dix baignoires, à une douche ordinaire, à une douche écossaise et à une buvette

César vieux est la source capitale de ce groupe; elle en est la plus belle, la plus renommée, et certainement la plus anciennement connue.

Sa température est élevée (49° centig.), et sa sulfuration, la plus considérable de toutes les sources de Cauterets (0g0,279). Elle n'a qu'une buvette, qui se trouve placée au point le plus élevé de ce groupe.

Principalement destinée à l'exportation, elle doit cette faveur à la limpidité et à la pureté de ses eaux; elle la doit surtout à la fixité de sa minéralisation, qui la protége, de la manière la plus efficace, contre une altération trop sensible de ses éléments constitutifs.

Ses belles qualités médicales n'ont pas besoin d'éloges; elles sont connues de tous et appréciées dans toutes les parties du monde, où elles sont transportées.

La description si concise que nous avons faite des sources qui précèdent, ne peut certainement pas suffire à nous éclairer sur leur importance, et nous fixer sur les hautes attributions médicales qui leur sont dévolues.

Nous avons donc à les juger, à les apprécier.

Ce sont les mêmes propriétés physiques, ce sont les mêmes composés chimiques, c'est la même destination thérapeutique. En elles, *tout est semblable, tout est identique*. Une seule exception, cependant, en faveur des eaux de *César vieux*, qui possèdent, comme on le verra plus tard, *une spécialité d'action* trop bien établie dans les *affections catharrales*, dans l'*asthme humide*, dans *certains cas spéciaux de tuberculisation*, pour passer sous silence une particularité aussi précieuse, pour négliger de la mentionner.

En signalant, dès le principe, les sources de ce groupe comme les plus actives et les plus sulfureuses de la localité, nous devons ajouter à ce premier signalement que la direction thermale s'y trouve aussi la plus complète, la mieux agencée et la plus capable d'assurer les effets médicateurs des eaux de cette région.

Cette réunion de sources, en effet, — au nombre de cinq, — qui peuvent rivaliser avec les plus belles des Pyrénées, ne constituent pour nous qu'une seule et même source; elles ne sont aussi qu'une seule et même unité thérapeutique, mais à des degrés divers de *force*, de *thermalité* et de *composition minérale*. Aux lieux d'emploi, nous les inscrivons dans l'ordre suivant : *Pauze vieux*, *Pauze nouveau*, *César nouveau*, les *Espagnols*, *César vieux*. Ainsi groupées, elles nous représentent donc une *unité hydro-minérale* constamment ascendante, qui nous offre dans son application une grande variété d'action et une plus grande puissance médicatrice.

Les mêmes affections conviennent à chacune d'elles; elles répondent toutes aux mêmes besoins, et c'est au moment de les prescrire, qu'en s'appuyant sur ces données et sur son habitude de les manœuvrer, le praticien pourra, par un choix convenable, imprimer à la maladie cette marche lente, mais progressive, indispensable surtout à la médication sulfureuse, et remplir à souhait les indications curatives qui ressortent de l'examen du sujet.

Les personnes irritables, d'une constitution délicate, d'une impressionnabilité vive, doivent généralement s'abstenir de leur usage. On ne doit aussi les administrer qu'avec une grande réserve, et, dans tous les cas, en suivre les effets, en surveiller l'action. Elles s'adressent principalement aux *maladies scrofuleuses*, à la *syphilis constitutionnelle* et aux accidents secondaires qui en dépendent; aux *maladies de la peau*, aux *affections* dites *métastatiques*, au *rhumatisme*, à la *sciatique rhumatismale*; elles conviennent aux *arthropathies*, *arthrites chroniques*, *tumeurs blanches*, *caries*, *etc.*, *etc.*; elles réussissent très-bien dans les *fractures*, dans les *luxations* Leur pouvoir cicatriciel n'est pas douteux dans les *blessures anciennes*, les *plaies*, *ulcères*, *etc.* Très-fréquemment encore, elles sont administrées pour terminer la *cure* ou pour suppléer à la fin du traitement thermal, soit à l'insuffisance de sources moins actives, soit pour imprimer à l'organisme une secousse plus profonde, plus reconstituante.

La ***Saline***, dite ***Source tempérée*** (37° centig.), est reçue dans le même bâtiment que *César vieux*, et coule auprès de lui. Grasse, limpide, d'une saveur amère et désagréable au goût, la *Tempérée*, sans usage il est vrai, serait, dit-on, purgative à la dose de quatre ou cinq verres.

On n'en a pas fait, que nous sachions, l'analyse.

Enfin, au-dessus des thermes de *Pauze vieux*, et comme une dépendance de cet établissement, on a élevé tout récemment un élégant pavillon qui renferme *quatre buvettes* alimentées par les sources de *César vieux*, de *Pauze vieux*, des *Espagnols* et de la *Saline*, sous le nom de *sulfureuse*.

Bruzaud coule à quelques pas des grands thermes de la ville, où il est reçu dans un bâtiment vieux, délabré, qu'enveloppent de toutes parts les ombrages épais de ses hêtres. Son passé est brillant et rappelle les souvenirs les plus gracieux. Mais, dans ce moment où nous nous occupons de lui, il tombe, s'il n'est déjà tombé, sous le marteau des démolisseurs, qui ne savent pas, sans doute, que la spirituelle Marguerite de Navarre, sœur de François Ier, s'est baignée dans les flots onctueux de cette source, qu'elle avait surnommée les *Bains d'amour*.

Branche des *Espagnols*, aussi chaude et aussi sulfureuse que cette source à son point d'émergence, *Bruzaud* ne tarde pas à se séparer de la *source-mère*, et pénètre dans un conduit dont la construction vicieuse le met constamment en présence de l'air. Dans le long trajet qu'il est obligé de parcourir, il subit une altération profonde de son élément sulfureux et de sa thermalité, altération *accidentelle*, il est vrai, mais si précieuse pour nous, que son emploi, dans certaines affections, se traduit chaque jour par les succès les plus éclatants.

Les eaux de *Bruzaud* sont une source *dégénérée*.

Devenues presque exclusivement alcalines par la perte de la majeure partie du soufre qu'elles contenaient, plus alcalines même qu'elles ne l'étaient auparavant, ces eaux ainsi *altérées*, mais conservant en entier leur matière organique (la *barégine*), leur empruntent la plupart de leurs propriétés médicales, et acquièrent en même temps de nouvelles propriétés, pour ainsi dire *spécifiques*, qui résultent évidemment de la présence de la barégine dans cette source et des modifications que le contact de l'air a imprimées au *sulfure alcalin*.

Aussi, malgré son état de vétusté et l'aspect si triste et si misérable de ses cabinets, *Bruzaud* est encore, grâce à cette altération de ses éléments constitutifs, un de nos établissements les plus assidûment fréquentés. Ses eaux sont limpides, d'une température de 40 degrés centigrades; leur titre de sulfuration ne dépasse pas 0g0,126. L'odeur et la saveur si caractéristiques des eaux sulfuré-sodiques ont complétement disparu de cette source; elles sont fades, douceâtres, et présentent au toucher, malgré la barégine qu'elles charrient en abondance, un léger sentiment de rudesse et d'astriction.

Cet établissement est pourvu de quatorze baignoires, une douche ordinaire, une douche ascendante vaginale, une douche rectale. Sa buvette est peu ou point utilisée.

Faibles, peu minéralisées, par conséquent peu actives, les eaux de *Bruzaud* s'adressent principalement aux *névroses*, aux *embarras de la circulation abdominale* provenant de fièvres intermittentes rebelles, *aux phlegmasies chroniques, engorgements et obstructions viscérales. Certains rhumatismes* avec prédominance et vive sensibilité du tissu nerveux, les *dermatoses à l'état aigu*, nous ont paru s'amender par leur usage. On a recours aussi à cette source dans tous les cas où il est nécessaire de combattre une excitation trop prononcée par suite de l'emploi exagéré ou intempestif de nos sources les plus actives.

Mais la *spécialité thérapeutique* de cette source, son titre le plus réel à nos éloges et au choix absolu qu'elle nous impose, sont, sans contredit, les maladies des organes vulvo-utérins, *métrite chronique, engorgements du col, érosions* et *ulcérations* de cet organe; le *ca-*

tharre utérin, *vaginal*, les *prolapsus de la matrice*, la *leucorrhée*, *vaginites*, toutes affections dont nous savons la fréquence, l'opiniâtreté, et sur lesquelles elle concentre avec un bonheur presque constant la *spécificité* de ses propriétés curatives. Leur efficacité surtout n'est pas douteuse, lorsque ces affections se rattachant à certains états diathésiques, leur retentissement sur l'organisme peut faire craindre les désordres les plus fâcheux.

Ces états diathésiques et *ces complications*, — *troubles des voies digestives*, *névropathies* aux formes si multiples, *suppression* de *la fluxion cataméniale*, appauvrissement même des fluides, trouveront dans les sources qui avoisinent *Bruzaud*, si bien appropriées à cette destination pathologique, tous les éléments de puissance graduée nécessaires pour triompher et de ces états diathésiques et de ces graves complications, tout en remplissant auprès de l'organe primitivement atteint les diverses indications que sa situation réclame.

Il est donc à désirer, en présence des circonstances exceptionnelles qui l'ont mis en possession de cette source, et en raison des attributions thérapeutiques qui la distinguent, il est à désirer pour Cauterets, déjà si riche en sources sulfureuses, que dans les nouveaux travaux que l'on élève ou que plus tard on construira, l'on respecte les dispositions vicieuses de son trajet, et que l'on ne dépossède pas cette localité d'une de ses sources les plus intéressantes.

Rieumizet est la dernière source de la région de

l'est, et la seule qui jaillisse dans Cauterets. L'établissement qui la renferme est simple, propre, modeste. Sa situation, au-dessus d'une belle prairie toujours verte, est des plus heureuses, et son isolement au milieu des massifs de verdure que projettent sur lui les arbres de la montagne au pied de laquelle il est bâti, la blancheur éclatante de ses arcades, font de *Rieumizet* un tableau aussi gracieux que pittoresque.

Cette source alimente onze baignoires, deux douches ascendantes vaginales dont les appareils nous ont paru des plus complets et des mieux confectionnés. Sa buvette, peu usitée en boisson, est plus spécialement consacrée aux maladies des yeux ; les ophthalmies anciennes et de nature diathésique se trouvent bien de leur usage.

« Les eaux de cette source, dit M. le Dr Camus,
» notre honorable confrère (1), à l'ouvrage duquel
» nous empruntons les détails qui suivent, ne contien-
» nent pas un seul atôme de sulfure de sodium. Elles
» sont limpides, onctueuses au toucher, sans odeur et
» d'une saveur douceâtre, mais qui ne répugne point.
» Le limon qu'elles déposent est verdâtre et floconnèux.
» La température est de 24° *Réaumur*.

» Cette source, d'une thermalité trop faible pour
» servir à l'usage des bains, subit un chauffage artifi-
» ciel, mais qui n'*altère nullement ses propriétés*.

» En boisson, elle serait purgative si on en buvait
» une grande quantité, et ses bains sont préférables

(1) *Nouvelles réflexions sur les eaux minérales de Cauterets.*

» à ceux de *Saint-Sauveur*, dans les *névroses* surtout, » lorsque l'irritabilité nerveuse dépasse toute limite, soit » que ces affections existent isolées ou qu'elles soient » dépendantes d'autres altérations, telles que dartres » vives et étendues, etc., etc. »

De ce qui précède, il résulte que la source de *Rieumizet* est sans analogue dans la contrée comme composition chimique, et qu'elle est une eau saline (sulfatée); que par ses qualités douces et émollientes, elle tempère directement l'activité de nos sources les plus chargées de principes sulfureux; que cette source, trop négligée peut-être au milieu de notre richesse minérale, peut, dans beaucoup de circonstances, remplacer *Bruzaud*, et que son application en bains et en douches dans les maladies des femmes est appelée à nous rendre les services les plus importants.

IV

Sources de l'Ouest.

Une seule source; son nom, — c'est ***la Raillère***.

Située à un kilomètre et demi de Cauterets, à l'extrémité d'une belle et grande route, les thermes qu'on lui a édifiés, constamment desservis pendant la saison par une ligne d'omnibus, reposent, simples et élégants, sur une vaste plate-forme.

Sa longue façade est décorée d'un beau portique en marbre et d'arcades vitrées, éclairant de ses larges ouvertures le couloir qui règne dans toute son étendue : il sert à la fois et d'abri et de salle d'attente à ses nombreux baigneurs.

Ses dispositions intérieures sont convenables et ne laissent rien à désirer pour assurer le service facile d'un établissement aussi important.

Au centre, sous un beau vestibule de marbre, de quelques degrés plus élevé que le sol, se trouve la buvette. A l'aile droite et à l'aile gauche, vingt-neuf baignoires; aux extrémités, les chauffoirs.

En face, un pavillon, tout récemment construit, est destiné aux malades qui font usage des eaux de cette source en gargarismes.

La renommée de la *Raillère*, l'affluence des malades qui, pendant la saison, fréquentent cet établissement, son titre de *Rivale des Eaux-Bonnes*, excitent à bon droit un puissant intérêt et légitiment la curiosité si naturelle dont cette source est environnée.

A tous ces titres, nous lui devons une mention particulière, qui trouvera son entier complément dans la partie clinique de ce travail, et qui justifiera, nous osons l'espérer, les nombreuses attributions médicales auxquelles cette source est destinée.

Par leur abondance, en effet, et par l'heureuse combinaison de leurs composés chimiques, les eaux de la *Raillère* ne sont point exclusivement consacrées aux maladies seules de l'appareil respiratoire. Leur destination thérapeutique est plus large et plus variée, et dans les cas, si fréquents du reste, où d'autres affections en réclament l'emploi, elles se montrent encore pour celles-ci, l'un des échelons les plus remarquables de cette série de sources minérales, qui font l'orgueil et la fortune de notre station thermale.

Mais dans cette partie si intéressante de notre tâche, si délicate surtout, nous n'avons à nous occuper de cette source que dans son application au traitement des lésions pulmonaires, et à ne juger de ses propriétés médicales que dans les résultats plus ou moins avantageux que son administration peut offrir au praticien.

Aussi, désireux de conserver à cette source le brillant cachet de *spécialité* qui la distingue et qui lui a valu sa haute réputation; désireux surtout de ne pas séparer les considérations que son étude réclame des faits cliniques qui doivent servir à démontrer son importance thérapeutique, nous croyons superflu d'aller au-delà des détails dans lesquels nous devons entrer, et renvoyons le lecteur à la deuxième partie de ce travail; il y trouvera, dans toute leur étendue et dans tout leur développement, les appréciations et les faits qui concernent les eaux de la *Raillère.*

V

Sources du Midi.

Les signes physiques et chimiques des sources de ce groupe, qui se compose du *Petit-Saint-Sauveur,* du *Pré,* de *Mahourat,* des *Yeux,* des *OEufs* et du *Bois,* sont, en tous points, semblables à ceux des groupes que nous avons déjà étudiés. On y trouve, en effet, la même limpidité, la même odeur et la même saveur; on y remarque la même composition minérale et le même mode d'action physiologique. Toutefois, en raison de l'inégalité considérable qui existe dans la température et la sulfuration de ces eaux, elles se présentent à nous avec des propriétés médicales généralement moins accusées et une activité moins pénétrante. L'une d'elles entre autres (le *Petit-Saint-Sauveur*), est si faible en thermalité et si peu riche en ingrédients minéraux, que nous aurions presque le droit de lui refuser un pouvoir quelconque de stimulation, et de l'appeler, assez improprement peut-être, une source *sédative*.

Aussi, dans la revue que nous avons à faire de ces sources, nous aurons à leur reconnaître des attributions d'une nature particulière, et en les rattachant à de nouvelles entités morbides, nous ferons tous nos efforts pour qu'elles ne soient pas moins dignes d'intérêt que celles que nous avons déjà étudiées.

Le ***Petit-Saint-Sauveur,*** ainsi nommé, sans doute, par suite de l'analogie frappante de sa composition minérale et de sa destination thérapeutique, en tout semblables à celles que l'on accorde aux thermes de *Saint-Sauveur-les-Bains,* jaillit modestement et par un mince filet d'eau au pied même de la montagne de *Lutour*. Il est reçu dans un bâtiment plus modeste encore, mais propre, bien tenu et d'une blancheur éclatante.

Le *Petit-Saint-Sauveur,* dont la température est de 29° centigrades, et le titre de sulfuration de 0g,0150, ne possède que douze baignoires, mais très-fréquemment insuffisantes pour le grand nombre de ses baigneurs.

Ces eaux sont douces, peu ou point excitantes, et chargées de matière organique (barégine); elles sont trop froides pour être utilisées en bains, et sont soumises à un chauffage artificiel qui développe en elles d'une manière sensible leur alcalinité, sans altérer cependant leur principe sulfureux.

Elles conviennent spécialement aux constitutions délicates et appauvries, aux convalescences difficiles, à la débilité chez les enfants, à la *chlorose*, à l'*anémie*.

Les *névropathies* à forme sthénique, l'*hystérie*, les *convulsions épileptiformes*, les névroses et phlegmasies des voies digestives, *entérites chroniques*, *gastro-entéralgies*, *etc.*, *etc.*, réclament le plus souvent l'usage de cette source.

En bains et en injections dans les maladies des femmes *(utéro-vulvaires)*, elles secondent puissamment les effets des douches ascendantes prises à *Bruzaud*.

On fait appel à cette source dans les paralysies cérébrales, pour lesquelles l'action calmante et résolutive des eaux sulfureuses est si bien indiquée.

Nous conseillons aussi, dans ces mêmes cas, les eaux de la *Raillère*, que nous donnons de préférence dans la deuxième phase du traitement.

Le ***Pré***. L'établissement que cette source alimente, situé à quelques pas du *Petit-Saint-Sauveur*, est bâti sur les bords mêmes du torrent, dont la chute puissante semble constamment le menacer d'une destruction prochaine. Elle fournit à une buvette, à dix-sept baignoires, à une douche forte ordinaire et à deux conduits à *inhalations sulfureuses.*

Grâce aux réparations urgentes qu'exigeait impérieusement son état de vétusté, et aux améliorations qu'on a introduites dans son aménagement intérieur, le *Pré* se présente aujourd'hui dans les conditions les plus favorables de propreté et de bonne tenue ; elles permettent d'utiliser avec fruit ses ressources hydrothérapiques et la bonne qualité de ses eaux.

Les eaux du *Pré* possèdent une haute température (48° centigrades) et une sulfuration de 0g0,204. Elles contiennent peu de *barégine;* elles sont sèches, un peu rudes au toucher.

Leur activité médicale est moyenne et supplée dans beaucoup de cas à l'insuffisance de la *Raillère* et du *Petit-Saint-Sauveur,* auprès desquels cette source est placée; elle remplace aussi les sources de l'*est (César, les Espagnols),* dont l'action plus brusque et plus énergique n'autorise leur emploi que pour des affections bien caractérisées, et toujours avec une grande circonspection.

Mahourat, dans un antre profond, en face et au-dessus de la magnifique cascade qui porte ce nom, jaillit en abondance du roc granitique.

La pureté et la limpidité de cette source, qui est bue sur place, sa légèreté et la facilité avec laquelle ses eaux sont digérées, ses qualités éminemment *diu-*

rétiques et le pouvoir *spécifique* dont elles jouissent dans les maladies chroniques des organes de la cavité abdominale, font de *Mahourat*, avec *César vieux* et la *Raillère*, la trinité la plus remarquable qui se puisse rencontrer dans une station thermale.

La température de cette source est de 51° centigrades ; elle est minéralisée par 0g0,150 de sulfure de sodium.

Les eaux de *Mahourat*, avons-nous dit, ne sont utilisées qu'en boisson, et sont administrées le plus souvent avec le concours des bains pris aux sources de la *Raillère*, du *Pré*, du *Bois*, du *Petit-Saint-Sauveur*.

A côté des affections des voies digestives, *dyspepsies*, *gastrites chroniques*, *entéralgies*, *etc.*, *etc.*, où leur pouvoir se montre souverain, elles s'adaptent merveilleusement à la cachexie goutteuse, dont les déterminations pathologiques sont la *gravelle*, le *rhumatisme goutteux*, la *goutte atonique*, *etc.* Leur efficacité est incontestable dans les maladies du foie, des reins et de la vessie, l'*hépatite chronique*, la *néphrite simple*, les *engorgements du foie*, le *catharre vésical*, les *engorgements de la prostate*, *etc.*, *etc.*

Associées aux eaux de la *Raillère*, elles en facilitent la digestion et font rarement défaut à ce vieux dicton populaire : que *Mahourat fait passer la Raillère.*

Les **Yeux** sont un mince filet d'eau qui coule en plein air à côté de *Mahourat*. Cette source, qui, du reste, est sans usage, semblerait ne devoir ses attributions médicales, ainsi que sa destination paraît l'indiquer, qu'à la faible température de ses eaux, à leur douceur et à la quantité si notable de barégine qu'elle dépose autour d'elle.

Les ***OEufs*** (trois sources d'une température de 53, 59 et 61° centigrades) sortent sous un énorme bloc de granit, et vont se perdre dans le torrent en dégageant une immense colonne de fumée.

Ces trois sources, qui, par leur abondance et leur température élevée, pourraient rendre à la médecine hydrologique les services les plus importants, sont sans usage. Elles nous font vivement regretter que le Syndicat de la vallée à qui elles appartiennent, ne soit pas mieux inspiré sur les graves intérêts qui lui sont confiés, et qu'il ne se hâte pas de réaliser, à tout prix, les beaux projets qu'il a conçus. Nous ne doutons pas que, de leur exécution, ne date pour Cauterets une ère nouvelle de prospérité, si surtout le programme de ces travaux a pour but de doter notre localité des quelques ressources qui lui font défaut. Cauterets, si riche déjà en sources minérales et en moyens hydrothérapiques, serait à jamais sans rivale au milieu de nos établissements thermaux des Pyrénées.

Le ***Bois*** est l'établissement le plus éloigné de Cauterets et le dernier que nous ayons à mettre en relief.

Il domine en entier le val du *Géret*, et semble commander à l'entrée de cette admirable route qui vous conduit, à travers l'effroi des torrents, le fracas des cascades et les précipices béants, jusques au *lac de Gaube*, cette page si sublime et si grandiose d'un des plus beaux tableaux qu'il soit donné à l'homme de contempler.

La forme en est simple, gracieuse même ; mais sa situation escarpée, sa profonde solitude dans un des sites les plus sauvages de la contrée, impriment à cet édifice un caractère de morne tristesse.

Le *Bois* se compose de deux sources (41°,50 et 43° centigrades ; *sulfure de sodium*, 0g,0150) qui alimentent quatre baignoires, deux piscines et deux douches de force moyenne.

Ces eaux sont légères, peu minéralisées, douées d'une moyenne force. Elles jouissent d'une réputation justement méritée.

Elles se recommandent de la manière la plus spéciale dans les *affections rhumatismales peu intenses*, dans les *névroses rhumatoïdes*, dans la *sciatique*, dans les *contractions musculaires*. La *myélite chronique*, la *paraplégie cérébrale*, se trouvent très-bien de leur usage ; elles opèrent des cures remarquables dans les *névropathies* à forme asthénique, dans la *goutte* compliquée d'éréthisme nerveux, dans les affections à formes congestives, etc., etc.

VII

Nous avons dit tous les éléments qui composent la fortune médicale de Cauterets ; nous avons décrit le nombre de ses sources, donné leur signalement physique et chimique, ainsi que les propriétés médicales qui distinguent les plus importantes d'entre elles ; nous avons aussi mentionné toute l'étendue et toute la variété des ressources matérielles que ses thermes renferment, et dont l'emploi en *boisson*, *en gargarismes*, *inhalations sulfureuses*, *bains*, *demi-bains*, *pédiluves*, *piscines*, *injections*, *douches* sous toutes les formes et de toute sorte, constituent dans leur ensemble la *médication hydro-sulfureuse* la plus riche et la plus diversifiée qu'il soit donné de posséder à une localité thermale.

Qu'il nous suffise donc, après cet exposé sommaire mais assez complet pour juger des avantages que nous offre cette station, et au moment d'étudier nos sources dans leurs plus diverses modalités thérapeutiques, si complexes pour nous, pour tous, que nous n'en connaîtrons peut-être jamais que les résultats salutaires; qu'il nous suffise aussi, au moment de les mettre en présence de leurs attributions médicales les plus usuelles et des indications qu'elles réclament, de tracer en quelques mots les effets primitifs, immédiats de leur action sur l'économie, et de signaler les cas de maladie qui doivent suspendre momentanément l'administration de ces eaux, ou qui en repoussent l'usage d'une manière absolue.

L'*excitation* est la loi générale qui régit et domine le mode d'action physiologique de toutes les eaux minérales. Mais cette excitation, qu'il n'est pas indifférent d'étudier dans telle ou telle source, et qui ne se rencontre pas chez toutes à un égal degré, n'émane pas seulement des principes qui paraissent y prédominer ni de chacun d'eux pris isolément; cette excitation, disons-nous, appartient à l'ensemble de tous les éléments qui les constituent et au degré de thermalité qui caractérise chaque source.

Ce pouvoir de stimulation qu'on ne saurait leur méconnaître, mais que tempère à volonté l'artifice qui préside à leur administration, est l'apanage le plus manifeste, le plus exclusif des eaux *sulfurées sodiques*, et il est d'autant plus sensible, que les matériaux qu'elles entraînent sont plus abondants et que le calorique de la source est plus élevé.

Cette inégalité d'action est surtout visible dans les eaux sulfureuses de Cauterets, *véritable gamme chromatique*, nous disait, il y a quelque temps déjà, un de nos plus honorables confrères de Bordeaux, M. le Dr Cazenave, qui place vos sources au premier rang des stations les plus renommées; car, au milieu d'elles, on peut suivre pas à pas la marche constamment progressive de leurs effets sur l'organisme, *depuis la stimulation la plus faible jusqu'au mode perturbateur le plus intense*.

L'excitation *hydro-sulfureuse* est *une*, toujours semblable à elle-même, toujours identique dans ses manifestations physiologiques : elle se produit chez tous les sujets, abstraction faite toutefois des aptitudes individuelles et des conditions de santé ou de maladie, et développe chez tous cet accroissement de la vie générale, cette augmentation de la force radicale que

Bordeu a si heureusement qualifiée du nom de *remontement.*

On sent, en effet, à quelques jours de leur usage, la circulation devenir plus active, le cœur battre plus vite et le pouls s'élever en force et en fréquence ; le visage s'anime et se colore ; une chaleur inaccoutumée, qu'accompagnent assez souvent des démangeaisons à la peau, s'empare de tout votre être ; les centres nerveux s'ébranlent, la sensibilité s'exalte, le sommeil est plus agité, plus fréquemment interrompu.

Mais en même temps que se montrent ces phénomènes *chimico-physiologiques*, en même temps que la vie musculaire augmente de force et d'énergie, et que dans tout l'organisme s'éveille en quelque sorte une réaction fébrile, *fièvre éphémère* que l'on désigne sous le nom de *fièvre*, de *poussée thermale*, les organes sécréteurs de l'économie ne restent pas étrangers à ce mouvement si marqué d'excitation générale, et prennent leur part de cette suractivité fonctionnelle qui envahit à la fois tous les appareils de la vie.

Le système tégumentaire interne et externe, ces deux vastes émonctoires, doucement stimulé par elles, devient le centre des mouvements fluxionnaires les plus prononcés et les plus variés.

La peau se couvre de sueur ; elle devient souple, moelleuse ; elle est constamment lubréfiée d'une perspiration insensible. Les reins sécrètent une urine plus abondante, sédimenteuse, et le foie, réagissant sur l'estomac par les nombreuses sympathies qui le rattachent à cet organe, stimule ses fonctions assimilatrices, provoque un appétit plus vif, des besoins plus impérieux, tandis que de la *diarrhée*, des *coliques* ou de la *constipation*, accusent tour à tour dans les voies digestives le trouble accidentel et momentané de la puissance d'action de l'agrégat minéralisateur.

Et maintenant, aussi vaste que soit le cadre dans lequel vont se mouvoir nos eaux sulfureuses, aussi nombreuses et aussi variées que puisssent être les indications pathogéniques qu'elles auront à remplir, et aussi avantageuse que puisse être pour l'organisme vicié leur puissante intervention, la clinique des eaux de Cauterets, avant tout destinée au traitement des maladies chroniques, a des limites naturelles, absolues ou relatives qu'elle ne saurait franchir et qui ne peuvent se prêter à l'emploi de ces eaux dans la *fièvre*, dans les *affections* à marche aiguë, dans les *états inflammatoires*. Elles sont contre-indiquées dans les *congestions actives* locales ou générales, dans les dispositions aux *hémorrhagies cérébrales*, aux *hémorrhagies* proprement dites. Les maladies organiques du *cœur* et des *gros vaisseaux*, les *désordres nerveux* qui en dépendent, les dégénérescences des tissus, *affections squirrheuses*, *cancer;* la *phthisie tuberculeuse en suppuration*, la *fièvre hectique*, les *diarrhées colliquatives* ou résultant d'*ulcérations* intestinales, etc., etc., s'aggraveront certainement par leur usage.

Ainsi, de ces considérations dernières, en nous préparant aux conséquences pratiques qui doivent résulter de leur application rationnelle dans la maladie, apparaissent déjà les principes sur lesquels repose toute l'action thérapeutique de nos eaux sulfureuses.

Ce sont ces principes, ce sont ces conséquences pratiques, que nous nous proposons de développer dans la deuxième partie de ces recherches.

DEUXIÈME PARTIE.

CHAPITRE Ier.

Du mode d'action thérapeutique des eaux thermales de Cauterets.

I

Les eaux minérales, que, de tout temps et avec raison, l'on a considérées comme une des ressources les plus précieuses de l'hygiène médicale et comme l'un de nos remèdes les plus sûrs et les plus actifs à conseiller dans le traitement des maladies chroniques, sont aujourd'hui encore la médication la plus usitée et la plus considérable que l'on ait à leur opposer.

Mais dans cette part d'influence médicatrice qui leur a été dévolue et qu'elles distribuent si généreusement pour le bonheur de l'humanité, influence qu'elles tiennent évidemment des matériaux qui les composent, du degré de thermalité qui est inhérent à chacune d'elles, et de la situation des lieux d'où elles jaillissent, nous voyons *les eaux sulfureuses des Pyrénées* se placer au premier rang de nos stations minérales, et revendiquer à peu près pour elles seules le droit exclusif d'une supériorité que leur ont acquis dans la science les services que chaque jour elles rendent à la cause de l'hydrologie médicale.

En recevant des travaux du passé et de l'observation directe la double consécration d'une incontestable efficacité, les eaux *sulfurées sodiques* doivent à leur importance en thérapeutique hydro-minérale et aux substances assimilables dont elles pénètrent nos tissus, à l'activité et à la longue portée de leur action curative, de faire rarement défaut aux espérances que l'on a conçues de leur usage, et de *tenir leurs promesses*, dit Astier, *quand on sait les appliquer à propos et d'une manière rationnelle.*

Et cependant, si l'on embrasse par la pensée le vaste ensemble des recherches auxquelles elles ont donné lieu ; si l'on réfléchit aux investigations de toute nature dont elles ont été l'objet, soit qu'on les ait envisagées au point de vue de leur agrégation minérale, soit, au contraire, qu'on en ait poursuivi l'examen dans leurs effets purement physiologiques, l'on serait certainement en droit de s'étonner du vague et de l'inconnu qui règnent encore sur cette partie de la science médicale, si de résoudre le problème de leur action thérapeutique et de formuler les règles précises, absolues de leur application, n'était pas, dans l'état actuel de nos connaissances, une solution bien périlleuse à proposer au médecin, une entreprise à peu près impossible à réclamer de la chimie.

En effet, bien qu'identiques par la nature de leurs

caractères physiques et chimiques, bien que possédant en thérapeutique les mêmes attributions générales, et bien que selon le mode de leur administration ces eaux agissent *également* ou *diversement*, il n'en est pas moins vrai que la plupart de ces sources, en dehors de ces conditions qui leur sont communes, sont douées de *qualités spéciales*, qualités qu'on ne peut ni reproduire ni remplacer, et que ne peuvent expliquer en elles une constitution en apparence homogène ou les différences minimes que l'on observe dans leurs principes actifs.

Corps composé, mais simple agent thérapeutique, *tout indivisible qu'on ne peut séparer même par la pensée* (Fontan), les eaux sulfureuses constituent dans la classe des médicaments une préparation si exceptionnelle; — elles déterminent dans l'organisme souffrant, sous l'influence combinée de l'eau, du calorique et des substances qui les minéralisent, des phénomènes si diversifiés; — sous la main qui les dirige et qui peut à son gré en modérer la force ou en augmenter la puissance, elles revêtent des qualités si étranges et des effets si opposés; — de leur emploi découlent enfin tant et de si multiples combinaisons, et pour les fonctions de l'économie résultent tant et de si profondes modifications, qu'il est souvent bien difficile de saisir non-seulement les nuances légères qui les séparent, mais encore d'apprécier, dans leurs actes même les plus apparents, la part qui revient à la thermalité, de celle qui appartient en propre à la minéralisation.

Cette distinction que nous ne faisons qu'énoncer, à

laquelle peut-être on ne porte pas généralement une assez grande attention, cette distinction, disons-nous, est cependant de la plus haute importance dans la pratique des eaux, dans l'administration de ce médicament; elle mérite de la part du médecin sa sollicitude la plus éclairée et ses plus constantes préoccupations.

L'étude approfondie des faits, la notoriété clinique, le contrôle d'une critique sévère et l'autorité de l'expérience, pourront donc seuls nous éclairer sur leurs vertus!

Aussi, en nous inspirant dans ce travail de faits cliniques que nous avons recueillis sur les lieux mêmes d'emploi, et en nous autorisant des résultats avantageux que, pendant cinq années consécutives, nous avons obtenus de leur usage, il nous sera permis sans doute d'invoquer en faveur des eaux de Cauterets les succès que nous devons à une nombreuse clientèle, et de leur appliquer d'une manière toute particulière les quelques généralités qui précèdent.

Et si l'on n'a pas oublié que cette station thermale, par le nombre et la variété de ses sources, semble réunir comme *un spécimen* de toutes les eaux minérales des Pyrénées; que par la graduation de leur force, de leur thermalité et de leur minéralisation, elles paraissent devoir répondre à tous les besoins de la thérapeutique; qu'à côté des groupes de ses sources sulfureuses se trouvent des eaux *salines* (la *Saline*, *Rieumizet*), des eaux *alcalines* (*Bruzaud*), des eaux *spécifiques* (la *Raillère*, *César vieux*, *Mahourat*); si l'on n'a pas oublié que ses moyens de direction ne le cèdent en rien à ceux de nos établissements thermaux les plus haut placés dans la faveur publique, et qu'enfin, située dans un magnifique climat, l'action de ses eaux se fortifie nécessairement des influences hygiéniques les plus favorables, influences secondaires, il est vrai, au milieu desquelles vivent nos malades; dans ces conditions si heureusement exceptionnelles, nous accusera-t-on d'une exagération peu réfléchie ou d'un aveuglement intéressé, si en établissant les différences caractéristiques si importantes et si tranchées que nous avons faites de nos sources, tous nos efforts tendent loyalement à leur assurer la place qui leur est due et à les asseoir, d'une manière sérieuse et irréfragable, dans l'esprit de nos confrères.

Que ces principes, en nous servant de guide dans l'application de nos sources, dirigent nos appréciations, et nous reconnaîtrons aux eaux de Cauterets :

1° Une action générale commune : — l'*excitation*;

2° Une action *spéciale*, qui, procédant directement de la thermalité, du mode d'administration, des proportions de principes de l'agrégat minéral ou de l'agent principal qui les constitue, subira les transformations les plus successives et les plus multiples;

3° Une action *spécifique*, action inconnue dans son essence, mais qui se traduisant à nos sens par l'examen des faits soumis à notre observation, ne se révélera, ne se montrera que dans certains états pathologiques spéciaux.

Ainsi donc, à mesure que nous avançons dans le cours de cette étude, à mesure que nous pénétrons au cœur de ces difficultés, s'évanouit ce fantôme d'excitation exclusive, d'*excitation quand même*, qui semble frapper aveuglément toutes les eaux minérales sulfureuses, et disparaissent en même temps ces craintes d'une activité médicale trop énergique, ce pouvoir d'une stimulation dont il faudrait à chaque instant corriger ou prévenir les écarts; et « qu'on ne s'y trompe » pas, dit Astier, on aurait de cruelles déceptions, si » l'on s'imagine qu'il ne faut qu'exciter dans les mala» dies chroniques, provoquer une fièvre plus ou moins » légère..... A côté de l'*excitation thermale*, on a un » modificateur *spécial* où *spécifique*.... » En effet, tel n'est pas, tel ne peut être le mode d'action de ces eaux, et ce n'est pas à l'excitation seule qu'appartiennent ces modifications à tous les degrés qu'elles apportent à l'agrégat organique vivant, ce n'est pas à elle non plus qu'il faut toujours rapporter la production de certains phénomènes morbides qui proviennent de leur usage.

En agissant sur l'ensemble de l'économie, en enrichissant nos tissus d'éléments nouveaux, en les saturant, pour ainsi dire, de composés assimilables, le liquide *thermo-minéral* tonifie nos organes, modifie leur vitalité, en redresse les fonctions plus ou moins viciées; en imprimant aux maladies chroniques (Patissier) un état légèrement aigu, il réveille nos organes assoupis, augmente les sécrétions, et favorise des crises salutaires; en provoquant de puissants efforts d'élimination dépurative, il prépare le retour à la santé; en donnant, enfin, une nouvelle direction aux forces générales de la vie, en les relevant du ralentissement dans lequel elles sont tombées, il tend à éviter que nos organes, liés entre eux par de si nombreuses sympathies, soit morbides, soit physiologiques, ne brisent cette solidarité et ne réagissent d'une manière brusque et violente contre l'action, désormais calculée dans ses effets, de l'agent *hydro-sulfuré alcalin.*

Médication tour à tour *excitante et révulsive, tonique* et *reconstituante, sédative* et *déprimante, altérante spécifique* et *pertubatrice*, nous verrons dans les observations qui suivent les eaux de Cauterets étendre toute la diversité de leur génie thérapeutique, s'harmoniser aux états pathologiques les plus variés, aux affections de nature et de caractère les plus opposés, et concentrant sur elles toute la puissance de leur virtualité curative, s'adresser de préférence :

1° A l'état lymphatique, comprenant la *scrofule* et ses localisations les plus usuelles sur les tissus, viscères et appareils organiques;

2° Au *rhumatisme* proprement dit, à la *sciatique rhumatismale,* pour lesquels les eaux sulfureuses joignent à une haute température et au mode hydrothérapique si important dans ces affections, son agent le plus sûr et le plus spécialement indiqué, le *soufre;* au rhumatisme *nerveux, goutteux*, à la *goutte,* dont les formes réclament des eaux plus douces, moins stimulantes, plus variées;

3° A la métastase, par suite de rétrocession herpétique, de suppression d'un écoulement, d'un flux, *dartre, gonorrhée, hémorrhoïdes, etc., etc.,* où se montre au plus haut degré leur influence *excitante-révulsive;*

4° Aux maladies de la peau, *sécrétantes* et non *sécrétantes*, dont la résistance, opiniâtre dans la plupart des cas, exige impérieusement des stimulants diffusibles doués d'une grande énergie, et l'action *altérante spécifique*, qui est particulière aux eaux sulfuré-sodiques;

5° A la syphilis constitutionnelle et à ses dérivations secondaires et tertiaires, et selon les conditions qui président à leurs manifestations, pour lesquelles elles sont, avec le concours des préparations spécifiques, le médicament curateur par excellence;

6° Aux affections chroniques de la *muqueuse des bronches*, parmi lesquelles nous désignerons plus spécialement l'*angine glanduleuse*, comme se liant le plus souvent au vice herpétique; aux *engorgements*, *indurations* et *hépatisations* du parenchyme pulmonaire; aux *névroses essentielles* de cet organe, aux dispositions acquises ou accidentelles de la *phthisie tuberculeuse*, aux premier et deuxième degrés de cette redoutable maladie. Dans ces diverses affections, nous n'avons qu'à signaler la *spécificité* d'action des eaux de la *Raillère* et de *César vieux*, et leur caractère si éminemment béchique;

7° Aux *phlegmasies chroniques*, *obstructions* et *engorgements* des viscères abdominaux; aux *névroses* de cette cavité, idiopathiques ou dépendantes de lésions utéro-vaginales, affections qui réclament des eaux douces, peu stimulantes, légèrement résolutives;

8° Aux névroses et catharres de l'appareil génito-urinaire, *écoulements* anciens et rebelles, *cystites*, *engorgements prostatiques*, *néphrites*, *etc.*, *etc.*;

9° Aux maladies des femmes, dont nous avons étudié le mode curateur par les douches de *Bruzaud*, par la boisson à *Mahourat*, et par les bains de la *Raillère*, *Petit-Saint-Sauveur*, *etc.*, *etc.*;

10° Aux états asthéniques, à la faiblesse générale, à l'enfance délicate, aux pertes de sang;

11° Aux lésions traumatiques, *luxations*, *fractures*; aux *arthropathies*, aux *tumeurs blanches*, aux *plaies*, *ulcères*; aux *blessures* par armes de guerre, etc., etc.;

Vaste champ pathologique au milieu duquel nous puiserons les faits qui doivent justifier de la vérité de nos propositions, et qui serviront *cliniquement* à démontrer la diversité et la réalité des propriétés curatives de nos eaux.

CHAPITRE II.

Faits cliniques.

I

De la maladie scrofuleuse.

Nous voici sur un terrain nouveau ; et ce terrain que nous avons longuement préparé, sur lequel nous avions hâte d'arriver, en éclairant notre sujet de sa plus vive lumière, nous permettra l'accomplissement de la partie la plus délicate et la plus difficile de notre œuvre.

Entrons donc immédiatement en matière, car où commence la *preuve*, cesse la *discussion*.

C'est à la *scrofule* que nous avons à demander le premier de nos faits cliniques.

Affection essentiellement *diathésique*, elle constitue dans l'échelle pathologique une des maladies les plus considérables, les plus répandues, et s'exprime par les phénomènes morbides les plus variés et les plus graves.

Dans sa forme générale, elle frappe tous nos tissus, vicie nos humeurs, altère les actes organiques les plus importants, les plus nécessaires à la vie.

Des lésions organiques, des désordres fonctionnels,

des cicatrices vicieuses, des ganglions engorgés ou ulcérés, des maladies de la peau, la tuberculisation, des hypersécrétions muqueuses, *nasales*, *bronchiques*, *oculaires*, sont ses déterminations les plus communes.

Cette affection, dont aucun de nous n'ignore la déplorable opiniâtreté, de laquelle peut-être on ne guérit jamais, exige une médication forte, puissante, longtemps continuée. Elle réclame impérieusement l'usage des *eaux minérales*.

Aux *eaux sulfureuses naturelles* revient de droit le privilége le plus manifeste de la guérison ou de l'amélioration de cette maladie. Au milieu d'elles, dans nos établissements thermaux les plus renommés, — Barèges, — Luchon, — Cauterets, etc., — se trouvent réunies les conditions les plus assurées de succès, — conditions de *lieux*, — richesses *minéro-thermales*, — moyens *hydrothérapiques complets*.

L'observation suivante nous paraît être un des types les mieux accusés de cette redoutable affection; aussi croyons-nous de notre devoir de rapporter en son entier la consultation si remarquable de M. le Dr Dupré, de qui nous avons reçu la jeune malade qui en fait le sujet.

Dans cette consultation, où tous les éléments de la maladie ont été si scrupuleusement décrits, et dans laquelle tout a été prévu, les résultats du traitement comme les incidents qui pourraient s'y rattacher, nous n'avons pas voulu, par une concision fâcheuse, altérer ou affaiblir la pensée rapide et si clairement exprimée de l'honorable professeur de la Faculté de Médecine de

Montpellier. Sa médication nous a valu un beau succès de plus [1] !

Ire Observation.

Affection strumeuse et herpétique. — Saison 1855.

« Mlle F..., âgée de dix-huit ans, est envoyée à Cauterets avec la pensée que les eaux de cette localité thermale pourront modifier et guérir une disposition herpétique et strumeuse qui s'est manifestée sous des formes très-diverses : *engelures rebelles* pendant l'hiver ; *rougeurs herpétiques* sur divers points, principalement sur la joue droite, les environs des oreilles, des lèvres, *suppuration abondante* sous l'influence de la plus légère provocation.

» Depuis que ces phénomènes extérieurs se sont produits, Mlle F..., qui avait eu longtemps une sécrétion abondante de la muqueuse nasale, a vu cette sécrétion diminuer progressivement et presque se tarir. Une douleur sus-orbitaire, dont le siége est sans doute dans les sinus frontaux, accompagne cette modification. Il en résulte une grande inaptitude au travail et à l'exercice; cependant, l'intelligence conserve toute sa lucidité et ses aptitudes ordinaires.

» Au milieu de ces diverses manifestations pathologiques, le sommeil, la menstruation, l'appétit, la digestion, restent irréprochables.

» Une thérapeutique fort habilement dirigée et fort énergique a produit une amélioration très-notable. Mon distingué confrère M. le Dr Barret, qui l'a instituée, a pensé qu'un voyage aux Pyrénées pourrait la compléter. Je suis du même avis,

[1] On voudra bien pardonner aux quelques paroles trop flatteuses que renferme pour nous cette consultation. On n'y verra sans doute que ce que nous y avons vu nous-même : le sentiment d'une bienveillance qui nous honore trop pour en repousser même l'expression exagérée. C. D

et je n'hésite pas à promettre à notre jeune malade le succès le plus heureux de la tentative qu'elle va faire à Cauterets.

» Je recommande, d'une manière toute spéciale, ma jeune cliente aux soins éclairés de M. le Dr Drouhet; son habileté reconnue et son expérience des eaux, nous sont un garant assuré des résultats que je prévois.

» Aucun organe intéressé n'ayant jamais été menacé, je crois que le traitement thermal devra être *sensiblement actif*. Les eaux de la *Raillère* en boissons et en bains d'abord, celles des *Espagnols* et de *Pauze* en bains et en douches, tout en continuant les boissons de la *Raillère*, me paraissent indiquées.

» Le séjour de Mlle F... doit être de deux saisons.

» Mlle F... avait deux exutoires aux bras : celui du bras droit a été récemment tari ; celui du bras gauche existe encore et fournit une suppuration *extraordinairement* abondante.

» Si les modifications par les eaux étaient suffisantes pour permettre la suppression complète de ce dernier fonticule, ce n'est pas à l'habile praticien auquel je m'adresse, qu'il faut rappeler qu'une telle suppression ne devrait être faite qu'avec la plus extrême prudence et avec toutes les précautions que nécessite l'abondance de l'écoulement actuel. »

En présence des conseils si sages et si éclairés qui me sont dictés, interprète d'un traitement dont je n'avais qu'à surveiller et à diriger la bonne exécution, Mlle F..., soutenue par une volonté énergique, a triomphé, sans incidents fâcheux, des fatigues qu'une médication aussi longue devait nécessairement entraîner.

Elle est restée cinquante jours à Cauterets, où elle a fait deux saisons, séparées par un intervalle de dix jours qui ont été consacrés à un repos absolu.

10 bains à la *Raillère*, 25 bains à *Pauze vieux*, 50 douches fortes en arrosoir et au piston aux *Espagnols*, d'une durée de quinze à vingt minutes chaque; les eaux de la *Raillère* et celles de *César vieux* en boisson, résument l'ensemble des moyens mis en usage en faveur de Mlle F...

Secondée puissamment par un régime tonique et par un exercice à peu près incessant, cette médication ne tarda pas à produire les plus heureuses modifications, que promettaient du reste et qu'ont largement tenues les habiles prévisions de l'honorable professeur Dupré.

Réflexions.—Si les eaux minérales sulfureuses, dont les composés répondent si directement aux indications les plus prononcées de la *scrofule* et de l'*herpétisme*, mais dont les limites curatives, cependant, aussi étendues qu'on les suppose, n'ont pas dans tous les cas le pouvoir absolu de changer une constitution trop profondément viciée, et de détruire, surtout à un âge trop avancé, une diathèse strumeuse aussi considérable que celle que nous avions à combattre, les eaux minérales sulfureuses, disons-nous, ont du moins pour effet de réveiller l'état languissant des fonctions de l'économie; d'imprimer à l'inertie des vaisseaux absorbants et au ralentissement des actes organiques une suractivité nouvelle, et d'arrêter, sous l'influence de leurs principaux agents, — le *soufre* et l'*iode*, — des expressions pathologiques graves, et de provoquer en même temps dans tout l'organisme un puissant effort d'élimination par l'action *excitante* et *révulsive* des bains, des douches et de l'eau minérale à l'intérieur, associés à une haute température.

Ces divers effets, notre jeune malade les a tous ressentis; ils se sont tous produits dans un court espace de temps, et Mlle F... a vu s'amender d'une manière notable sa constitution humide, son teint devenir plus riche, meilleur; l'enveloppe cutanée prendre une fermeté inhabituelle. Elle a vu se tarir la sécrétion *extraordinairement* abondante du bras sans se répercuter et avec amélioration évidente pour la santé générale, et la douleur des sinus frontaux disparaître entièrement. Elle a enfin recouvré des forces, une activité physique et des aptitudes morales qui lui faisaient défaut depuis quelques années déjà.

En m'adressant quelques-uns de ses malades dans la saison 1856, notre distingué confrère M. le Dr Barret m'écrivait : « Mlle F... n'ira pas à Cauterets, *elle va bien.* »

Dans le courant de la saison dernière, M. B..., son parent, élève distingué de la Faculté de Montpellier, que m'avaient confié MM. les professeurs Dupré et Jaumes, nous confirmait une guérison qui ne peut laisser aucun doute sur la valeur thérapeutique de nos sources dans la curation de cette maladie.

IIe Observation.

Pytiriasis du cuir chevelu; eczéma impétigineux de la face, du front, des oreilles; pustules d'impétigo à la face. — Saison de 1856.

Mlle C..., jeune créole de la Louisiane, âgée de dix-sept ans, constitution assez robuste, est venue en France accompagnée d'une partie de sa famille, pour s'y faire traiter d'une affection herpétique qui date de son enfance.

Cette affection, qui a résisté jusqu'à ce jour à tous les traitements internes et externes mis en usage, ne paraît pas se rattacher à des traditions héréditaires : elle a dû se développer sous la double influence d'une enfance délicate et de conditions hygiéniques les plus défavorables. La partie de la Louisiane qu'habite la famille C... est basse, humide, marécageuse.

A peine arrivée en France, Mlle C... est immédiatement dirigée sur Cauterets; elle est dans l'état suivant :

1° *Pytiriasis* du cuir chevelu, ayant principalement pour siége toute la région antéro-supérieure et latérale, ainsi que la partie postérieure de la tête.

Les cheveux et les sourcils sont tellement collés entre eux par l'exsudation séro-purulente des plaques eczémateuses et des pustules d'impétigo, avec lesquelles le pytiriasis se confond en certains points, que les lavages les plus répétés ne peuvent parvenir à les détacher.

2° *Pustules nombreuses d'impétigo* au front et aux joues.

3° Aux régions temporales (côté gauche surtout), *eczéma impétigineux*, avec suintement et vive coloration des parties malades.

4° Derrière les oreilles, *rougeur eczémateuse.*

5° Dans toutes les parties atteintes, la peau est sèche et rugueuse; elle se détache en écailles.

Quoique pâle, Mlle C... jouit d'une bonne santé; la menstruation se fait bien; l'appétit et le sommeil sont bons, les voies digestives en bon état.

En présence d'accidents aussi rebelles et aussi invétérés, j'instituai, dès les premiers jours, pour les combattre et en triompher, une médication graduellement puissante que me permettait l'état général du sujet.

Cette médication consiste en des bains à *Pauze vieux* et à *César nouveau*, en boisson minérale prise à *César vieux*, en des lotions incessantes pendant la durée du bain, lotions qui tous les soirs sont répétées durant vingt minutes.

Des douches générales sur tout le corps, des douches verticales en arrosoir sur la tête, ainsi que des douches modérées en arrosoir et à température moyenne sur la figure, le front et derrière les oreilles, sont ajoutées à ce traitement. Ces dernières douches sont dirigées et souvent administrées par moi-même.

Les cheveux étant préalablement coupés ras, une brosse en chiendent, avant et après les lotions, est destinée à favoriser la chute de la poussière *pytiriasique* et à mettre en un contact plus intime l'eau minérale avec le cuir chevelu.

Cette médication, dont nous nous contentons de décrire l'ensemble, mais qui n'a été mise à exécution que par appels successifs, procura les résultats les plus heureux.

Guérissez l'eczéma, m'écrivait M. le Dr Devergie en m'envoyant cette jeune malade, je me charge du reste.

Qu'il me suffise donc, pour ne pas fatiguer nos lecteurs de détails insignifiants, d'établir que Mlle C..., après quarante jours d'une médication qui a puissamment contribué à fortifier sa santé, a pu rentrer à Paris, guérie des *pustules* nombreuses qui lui couvraient le front et les joues, des *plaques* et des *rougeurs eczémateuses* des régions temporales : le pytiriasis seul, tout en participant à cette grande amélioration, a résisté en partie avec une ténacité que je n'ai pu vaincre; il existe encore, mais seulement aux fosses temporales et à la base de l'occipital.

Réflexions. — Les eaux minérales sulfureuses sont regardées comme souveraines dans le traitement des maladies cutanées. Elles sont l'*altérant spécifique* le plus héroïque que l'on ait à leur opposer, lorsque surtout on peut l'administrer avec le concours de ressources thermales aussi puissantes et aussi variées que celles dont nous disposons. Mais aussi habile que soit leur administration, aussi efficace que soit leur intervention et aussi nombreuses que puissent être les guérisons ou les améliorations obtenues à l'aide de ce médicament, son emploi ne met pas toujours les malades à l'abri d'une récidive.

L'opiniâtreté bien connue des dermatoses, leur ancienneté, le génie même qui lés spécialise, la constitution lymphatique qui en aggrave si souvent l'expression, l'action latente de l'agént minéral après le départ des eaux, ou son activité immédiate quelquefois trop énergique, sont les causes les plus habituelles de la réapparition de la maladie. Mais ces récidives ne se présentent plus, si nous ne nous trompons, avec les mêmes caractères; elles n'affectent pas non plus la même marche. A la chronicité de la maladie succède assez habituellement un état d'acuité bien manifeste auquel n'est pas étrangère l'action minérale, et qui constitue pour la curation future des conditions organiques meilleures, et prépare certainement, sous l'influence d'une médication appropriée, les éléments prochains de la guérison. Il nous serait facile d'en citer des exemples.

C'est ce qui est arrivé à Mlle C...

Deux mois après son retour à Paris, — une ou plusieurs de ces causes agissant, — notre jeune malade fut envahie par une poussée des plus violentes qui vint compromettre toutes les espérances de guérison qu'elle avait emportées de Cauterets.

M. le Dr Devergie, que nous avons eu l'honneur de visiter à Paris au mois d'avril dernier, et de qui nous tenons ces détails, s'est rendu maître en peu de temps, grâce à une médication habilement instituée, de ce dernier éclat, nous osons l'espérer, d'une dermatose invétérée et qui appartenait à une constitution plus lymphatique que nous ne l'avions jugée.

Malgré la longueur de ces détails que nous devions

à notre loyauté médicale de donner, il nous semble résulter de cette belle observation que les phases diverses et les incidents qui se sont produits ne peuvent diminuer en rien la portée curative de nos eaux sulfureuses, ni affaiblir leur *spécialisation* dans le traitement des *maladies herpétiques.*

L'étendue des modifications que nous avons obtenues de leur usage chez Mlle C..., la rapidité sans ébranlement aucun avec laquelle elles ont agi, attestent au contraire leur pouvoir *spécifique.* C'est aussi à ce titre que nous avons cru devoir la conserver, bien convaincu d'ailleurs que la direction que nous avons imprimée à notre jeune malade, en admettant même qu'elle ait été trop énergique, a contribué puissamment aux effets curatifs du dernier traitement, et rendu bien plus sérieuses les chances d'une guérison définitive.

IIIe Observation.

Rhumatisme nerveux. — Saison de 1855.

M. G..., âgé de trente-deux ans, d'une constitution forte, mais éminemment nerveuse, exerce dans une ville aux environs de Bordeaux, la profession de courtier en vins.

Doué d'une grande activité physique, il est obligé, pendant l'hiver surtout, de suffire aux exigences d'une clientèle nombreuse.

Depuis quelques années déjà, M. G... se plaignait, de loin en loin, d'atteintes fréquentes de douleurs rhumatismales, vagues d'abord, mais qui, peu à peu, ayant envahi les diverses parties du corps, s'étaient fixées plus particulièrement sur la région lombaire et sur les membres abdominaux.

Des coliques, des flatuosités, des spasmes viscéraux et de

la diarrhée, coïncidaient le plus souvent avec l'apparition des douleurs rhumatismales; fréquemment aussi, elles existaient indépendantes de la présence de ces dernières. Ces désordres des voies digestives se rattachaient à la même cause morbifique; ils étaient de nature rhumatismale.

Organisation très-impressionnable, exaltée au plus haut point, M. G... s'exagérant la gravité de sa position, se préoccupait constamment de sa santé, se croyait atteint d'une *myélite*, maladie à laquelle venait de succomber un de ses amis; il prévoyait avec anxiété le jour très-prochain, disait-il, où il serait obligé de renoncer à sa profession.

Dans cet état d'exaltation morale et de souffrance physique, M. G... était en proie à des accès de mélancolie et à une irritation nerveuse qui altéraient visiblement sa santé et empoisonnaient son existence.

Sur les conseils de son médecin, M. le Dr Cazenave de Bordeaux, il se rend à Luchon et se confie aux soins éclairés de M. le Dr Fontan, auquel il était adressé.

Il échoue dans cette tentative. L'hiver suivant est pour ce malade aussi pénible, aussi douloureux que celui des années précédentes.

En 1855, il se rend à Cauterets, et se confie à mes soins et à ma vieille amitié pour lui.

Les mêmes conditions morbides existant, fort des précédents avantageux que j'avais retiré de l'usage des eaux du *Bois* dans les affections de cette nature, bien convaincu de la supériorité d'action de celles de Mahourat dans les névroses symptomatiques rhumatismales des organes abdominaux, je n'hésitai pas à conseiller à ce malade l'emploi de ces deux sources.

Huit ou dix jours après, pour activer une amélioration que me signale M. G..., et désireux de briser, de modifier profondément l'expression vicieuse de la sensibilité, agent principal, cause réelle de l'élément rhumatismal, je prescrivis les *douches écossaises*.

Elles sont péniblement supportées et provoquent, avec une certaine violence, mais de courte durée, un état d'éréthisme nerveux, une sorte d'exaltation fiévreuse, à laquelle succède de la prostration, un brisement général des forces.

La tolérance se fait ; les douches écossaises sont continuées et marchent de front avec les eaux du *Bois* et celles de *Mahourat*.

Un mois de séjour à Cauterets, 25 bains et 15 douches écossaises, assurent une guérison qui ne s'est jamais démentie ; guérison, cependant, à laquelle j'aurais voulu la consécration d'une deuxième saison, que les nombreuses occupations de M. G... ne lui ont pas encore permis d'utiliser.

Réflexions. — Le rhumatisme proprement dit est de sa nature une affection essentiellement résistante, qui peut être traitée avantageusement dans la plupart de nos établissements thermaux, *sulfureux* ou *autres* ; il ne réclame, dans la grande majorité des cas, que l'emploi d'un calorique élevé, associé à des moyens hydrothérapiques suffisants, — *bains, douches, piscines, etc., etc.* — Nous pensons que les eaux minérales sulfureuses, avec les mêmes éléments de direction, s'adressent à cette affection bien plus spécialement, en raison de leurs qualités plus stimulantes et de leurs propriétés plus sudoriques.

Le rhumatisme se guérit donc à Cauterets, et dans cet ordre de lésions les sources de *César*, des *Espagnols*, de *Pauze vieux*, de *Pauze nouveau*, *etc.*, comptent de nombreux succès.

Aussi, à une observation semblable, dont la guérison nous est si familière, nous avons préféré de beaucoup le fait qu'on vient de lire, puisque, à côté des aptitudes remarquables que possèdent les eaux du *Bois* et celles de *Mahourat* dans les névroses rhumastismales, nous avons mis en-relief la puissante intervention d'un agent nouveau, agent dont nous faisons à Cauterets un si fréquent usage, — la *douche écossaise.*

Colonne de liquide *chaud* et *froid* alternativement projetée sur le corps, la douche écossaise s'adresse à l'ensemble des forces et constitue un des agents les plus perturbateurs de l'hydrologie minérale appliquée. Son action est brusque, violente même, mais de durée passagère, et l'ébranlement qu'elle apporte est partagé par l'économie tout entière. Ses impressions sont vives, soudaines, et si elle redresse dans quelques cas, trop violemment peut-être, certaines expressions morbides, elle en modère aussi les écarts, et ne tarde pas, comme nous l'avons observé chez M. G..., à ramener l'organe ou les appareils d'organes aux conditions régulières d'une activité physiologique normale.

L'exemple suivant, en nous fixant d'une manière plus complète encore sur la valeur thérapeutique de cet agent, nous montrera la *douche écossaise* contribuer à elle seule au succès d'un des états pathologiques les plus rebelles et les plus complexes.

IVe Observation.

Hypercrinie considérable de la peau; bronchite concomitante.
Saison de 1855.

L'histoire pathologique de M. B... est des plus malheureuses et la plus tristement incidentée que je connaisse.

Dans l'espace des six dernières années qui précèdent sa venue à Cauterets, M. B... a été victime de *fièvres intermit-*

tentes rebelles, qu'il a gardées pendant près de deux années. A quelque temps de là, une chute de voiture lui occasionne une *fracture comminutive de la jambe*. Plus tard, enfin, le *choléra* et la *suette* règnent épidémiquement et à deux fois différentes dans le département du Var qu'il habite, et chaque fois il est frappé par ces terribles maladies.

Ce sont les suites de la dernière atteinte de *suette* qui amènent M. B... dans cette localité thermale; il est atteint d'une *hypercrinie extraordinairement abondante* des téguments externes, et en même temps de *bronchite symptomatique*.

L'examen du malade révèle ce qui suit : quarante ans, forte constitution, mais altérée; physionomie souffrante, peu d'amaigrissement, fonctions irrégulières des voies digestives, de l'appétit et du sommeil.

La peau est le siége d'une transpiration continue et *tellement abondante*, que M. B... est obligé de changer *douze* à *quinze fois* par jour de linge de corps, et fréquemment, la nuit, les draps de son lit.

En raison de ces accidents, M. B... ose à peine sortir de chez lui et se livrer à la marche la plus ordinaire, la moins fatigante, aux occupations les moins pénibles, sans que ces phénomènes de sueur se produisent au plus haut degré, et sans que je me *catharre*, ajoute-t-il, au même instant.

La bronchite que M. B... contracte avec cette déplorable facilité est ordinairement peu intense, sans fièvre; elle se manifeste par quelques accès de toux, avec ou sans expectoration muqueuse, et se guérit pour se reproduire quelques instants après; elle résulte du plus léger refroidissement ou de la cessation immédiate de la sueur : c'est un simple acte de répercussion.

La poitrine est d'ailleurs saine, et son examen ne laisse aucun doute sur l'intégrité d'une fonction qui, dans cette circonstance, ne me paraît être nullement en question : *la peau seule est malade*.

M. B... arrive cependant des *Eaux-Bonnes*, où il s'est rendu sur les conseils d'un médecin que la science a perdu et qu'elle a le droit de regretter, M. le professeur Estor, de la Faculté de Montpellier ; il n'y a fait qu'une demi-saison. Aux eaux de Cauterets où il m'était adressé, était réservé le soin d'un traitement plus complet, plus radical, et les espérances du rétablissement du malade. Nous verrons quel en a été le résultat.

Bien fixé par les renseignements fournis sur la nature des indications que j'avais à remplir, je prescris les bains des *Espagnols* (55° centigrades) et les eaux de la *Raillère* (deux verrées), moins pour ménager la susceptibilité de la muqueuse des bronches, que pour respecter une indication qui, à mes yeux, pouvait être remplie par toute autre source minérale.

Dix jours s'écoulent sans la plus légère trace d'amélioration ; les douches générales aux *Espagnols* ne sont pas plus heureuses ; *l'action minérale paraît complétement inerte.*

Ce fut alors que je conseillai la *douche écossaise,* dont je surveillai moi-même l'administration pendant plusieurs jours : la position si délicate de mon malade m'en faisait la loi et le devoir.

Dès ce moment s'ouvrit pour M. B... une voie si rapide d'amélioration, que tout me faisait présager une guérison prochaine, lorsque, tout à coup rappelé chez lui par des affaires qui nécessitaient impérieusement sa présence, il crut devoir quitter Cauterets.

A cette époque, M. B... avait pris *vingt douches écossaises.*

Toutefois, il résulte de cette dernière médication, que l'*hypercrinie* s'est tarie peu à peu sans disparaître *entièrement;* que, depuis quelques jours déjà, M. B... ne redoutait plus de sortir, et qu'il se hasardait à faire de longues promenades sans que les bronchites se répétassent avec la même fréquence ; elles étaient aussi d'une plus courte durée ; que sa constitution, épuisée par des sueurs incessantes, reprenait sa force, presque sa vigueur accoutumée ; que son embonpoint tendait à revenir, et que toutes ses fonctions s'accomplissaient maintenant de la manière la plus satisfaisante.

Réflexions. — Cette observation, nous ne l'ignorons pas, est incomplète dans le sens absolu de ce mot : — *guérison ;* mais elle n'en est pas moins remarquable sous tous les rapports, et a pour nous la même valeur, la même signification thérapeutique. *Le temps seul nous a fait défaut.*

Nous ne pouvons nous dissimuler que c'est à la *douche écossaise seule*, à sa puissance, que nous devons en entier les heureux résultats que nous avons décrits ; que c'est à elle seule que reviennent les modifications si instantanées et si radicales que nous avons observées peu après l'administration de cet agent ; que c'est à elle encore, à son action *tonique* et *reconstituante*, que nous avons dû de régulariser non-seulement les fonctions si profondément altérées de la peau, mais aussi d'atteindre *incidemment* la muqueuse bronchique et de réparer les désordres secondaires qui existaient dans quelques-unes des principales fonctions de l'économie.

Ve Observation.

Hydrarthrose de l'articulation fémoro-tibiale du côté droit; guérison. — Saison de 1855.

En 1855, vient à Cauterets, d'après mes conseils, M. B. de R...; il est porteur d'une *hydrarthrose* du genou droit, survenue par suite de chute faite sur cette partie du corps. Elle date d'environ dix mois.

Du repos, des sangsues et des applications émollientes firent cesser à cette époque les quelques accidents inflammatoires qui se manifestèrent, laissant dans l'articulation malade un certain degré d'empâtement et de faiblesse.

M. B. de R..., cependant, put reprendre ses habitudes,

mais non sans remarquer de la gêne, de la raideur dans les mouvements articulaires, du gonflement dans les parties molles, et de la douleur lorsque son pied portait à faux.

Un de nos confrères de Bordeaux consulté, diagnostiqua une *hydrarthrose*.

Les soins que se donna M. B. de R... (frictions stimulantes, rubéfiantes, vésicatoires volants) amendèrent sa position, mais sans diminuer sensiblement la collection séreuse et l'engorgement de la partie blessée.

A l'examen, je constate de l'empâtement avec gonflement du genou et une tumeur molle, fluctuante, qui cède facilement à la pression; elle occupe les parties latérale et antérieure de l'articulation.

Les mouvements sont sensibles, la marche incertaine, douloureuse. M. B. de R... est obligé de se servir constamment d'une canne pour soutenir le poids du corps.

6 bains et 6 douches de force modérée, pris à *César*, font disparaître, comme par enchantement, et la tumeur synoviale et la majeure partie de l'engorgement.

Le traitement se poursuit, et M. B. de R... consolide une guérison à laquelle il a consacré un mois de séjour à Cauterets; il l'a obtenue en prenant 25 bains, 20 douches, administrées en dernier lieu au *piston*.

Réflexions. — L'*hydrarthrose simple* du genou est plutôt une incommodité qu'une affection grave; elle est cependant réfractaire aux médications les plus heureusement combinées.

A ce titre, l'observation qu'on vient de lire, malgré la simplicité des éléments qui la forment, mérite quelque intérêt. Elle est une preuve nouvelle de la rapidité d'action de nos eaux minérales, de leur diversité et de leur puissance résolutive.

Peu de jours, en effet, ont suffi pour réveiller l'état

de faiblesse et d'atonie des parties malades, dissiper leur engorgement et favoriser l'absorption du liquide épanché.

La guérison de M. B. de R..., qui est un de nos amis, que nous voyons fréquemment, s'est parfaitement maintenue

Dans l'observation suivante, *arthropathie des plus graves*, nos eaux montreront toute l'étendue des modifications qu'elles peuvent apporter à une affection si redoutable par elle-même, mais plus redoutable encore lorsqu'elle se complique d'un état diathésique très-prononcé.

VIe Observation.

Arthropathie de l'articulation fémoro-tibiale du côté droit; guérison. — Saison de 1854-55.

En descendant avec une trop grande précipitation les marches de l'escalier du château qu'elle habite, Mlle de P... fait, au mois de décembre 1853, une chute violente sur le genou du côté droit.

A de graves accidents inflammatoires, combattus dès leur apparition avec beaucoup d'énergie, succède un état sub-aigu de l'articulation, une tuméfaction considérable des parties atteintes, et l'impossibilité absolue de faire usage du membre blessé.

Six mois s'écoulent sans apporter à cette situation des modifications bien satisfaisantes, puisque, à mon examen, je constate : 1° un gonflement énorme avec déformation du genou et engorgement des parties profondes de l'articulation; 2° le membre en demi-flexion ne peut s'étendre entièrement; 3° douleurs intolérables dans les mouvements qu'on lui imprime, et bruit très-sensible de frottement des surfaces articulaires; 4° déviation en dedans de la pointe du pied, et rétraction, sans amaigrissement sensible de la jambe, des muscles fléchisseurs, avec élévation très-prononcée du talon.

A ces signes caractéristiques d'une *arthropathie sub-aiguë*, Mlle de P..., âgée de vingt ans, joint tous les attributs d'un tempérament *très-lymphatique-nerveux*. Sa physionomie pâle, amaigrie, revêtue d'une teinte *chloro-anémique*, exprime la souffrance. Les voies digestives sont en mauvais état, l'estomac capricieux, la digestion difficile; menstruation assez régulière, mais d'un sang peu riche, peu coloré.

En raison de ces diverses complications et de la vive susceptibilité du sujet, je prescris à Mlle de P... les eaux de la *Raillère*, où tous les matins elle se fait transporter. Elle y boit et s'y baigne. Prise à la dose d'un demi-verre, avant et après le bain, l'eau de cette source est coupée avec un sirop composé *(saponaire* et *salsepareille)*.

Au sixième jour de cette médication, la jeune malade accuse de la fatigue générale, de l'excitation nerveuse, la perte complète de l'appétit; le sommeil est agité, la peau chaude, le pouls fréquent. L'eau minérale en boisson inspire la plus grande répugnance; la digestion en est lente et difficile.

L'articulation cependant paraît être mieux; les mouvements en sont moins pénibles, moins douloureux. De loin en loin, Mlle de P... perçoit de vagues sensations de chaleur inusitée et d'élancements. Les téguments sont plus colorés.

Deux jours de repos et quelques bains à *Bruzaud*, calment cette *poussée thermale*, dont l'articulation même n'a pas été exempte; elle n'a plus reparu dans le cours de ce long traitement.

Les bains sont repris, mais l'eau minérale en boisson continue de répugner; elle provoque des *nausées*, des *coliques* et de la *diarrhée*. L'usage de l'eau de *Mahourat* et l'addition du sirop de quinquina ne modifient en rien ces phénomènes. Je suspends l'emploi de toute boisson minérale.

Mlle de P... passe à *César*. Bains tempérés et douches du centre en arrosoir sur le genou. A quelques jours de là, douches générales sur tout le corps. Ce changement est supporté sans fatigue.

Poursuivie jusqu'au départ de Mlle de P..., cette médication, dont j'ai surveillé constamment les effets, donne les résultats suivants : l'engorgement des parties molles a considérablement diminué ; les mouvements de l'articulation sont plus faciles, moins douloureux ; le talon s'est légèrement abaissé, la déviation du pied s'est redressée, et la malade, après avoir essayé ses forces dans son appartement, a pu, avec l'aide de sa mère, sortir et marcher sans trop de fatigue et d'une *manière assez convenable*. J'oubliais de noter que le bruit de frottement des surfaces articulaires est moins sensible, moins rugueux, et que cette modification est d'un heureux augure pour Mlle de P.

Retour au mois de juillet 1855. — Mlle de P..., conduite par sa mère, a voulu elle-même venir me voir dans mon cabinet. Elle est heureuse de se retrouver à Cauterets, car son premier séjour a réalisé pour sa santé plus que les espérances qu'à son départ je lui avais laissé entrevoir. Les effets curatifs de son traitement l'ont suivie au milieu de sa famille, et ont exercé sur sa constitution leur action la plus bienfaisante.

Mlle de P... paraît jouir, en effet, d'une excellente santé ; et quoique la susceptibilité des voies digestives existe toujours, les fonctions générales s'accomplissent toutes avec une régularité meilleure et un ensemble plus satisfaisant.

L'articulation malade est en progrès sensible d'amélioration. Le genou est encore gros, mais il ne présente plus cette déformation et cette couleur mate de la peau qui donne aux *arthropathies* l'aspect étrange qui les distingue. La marche est assez sûre, assez solide, mais la raideur qui existe dans l'articulation rend son extension incomplète. La légère déviation du pied et l'exhaussement du talon témoignent encore de la rétraction des muscles, du jeu borné des fonctions de ce membre et de l'opiniâtreté de la maladie.

Mlle de P... reprend ses bains et ses douches à *César*. Comme la première fois, ces dernières sont administrées sur le membre blessé et sur tout le corps, et je n'aurais à signaler aucune particularité digne d'intérêt, si je n'avais échoué dans une nouvelle tentative de lui faire prendre les eaux de *Mahourat* et de la *Raillère* en boisson.

De cette deuxième et dernière saison, qui se compose de 50 bains, de 20 douches locales et générales, il résulte une fermeté plus grande du membre droit, une marche désormais plus sûre, presque complète et avec absence de toute douleur. Le jeu plus libre de l'articulation, le redressement du pied et l'allongement de la jambe, la disparition de tout gonflement extérieur, le genou conservant encore un certain degré d'engorgement dans les parties profondes, qui se dissipera sans doute avec le temps et le retour du glissement synovial articulaire, attestent évidemment une guérison très-prochaine.

Au mois d'avril dernier (1857), je revenais de Bordeaux à Blaye, lorsque, sur le pont du bateau à vapeur, vint à moi une jeune et belle personne : c'était Mlle de P..; elle ne conservait de son ancienne affection qu'une légère raideur de l'articulation fémoro-tibiale : *elle était guérie.*

Réflexions. — Il n'est pas besoin, sans doute, après les détails si minutieux que nous a paru mériter la gravité et l'importance de la maladie que nous avions à traiter, et pour laquelle nos eaux ont montré une si merveilleuse aptitude, d'insister sur la valeur thérapeutique de nos sources les plus fortement minéralisées, sur la convenance de leur administration dans l'état lymphatique et sur la puissance résolutive de nos douches dans des lésions si souvent au-dessus des ressources de l'art.

Nous ne laisserons pas ce sujet sans signaler aussi leur pouvoir cicatriciel dans les affections de cette nature ; nous ne craignons pas d'exagérer leurs vertus, en affirmant que nos *sources de l'est* peuvent rivaliser avantageusement avec celles qui ont le privilége de fixer le plus fortement l'attention publique.

II

De la maladie syphilitique.

Notre clinique des eaux thermales de Cauterets eût été incomplète si nous avions négligé de signaler la puissante intervention des *eaux sulfureuses* dans le traitement de la syphilis constitutionnelle, et d'établir les avantages que l'on retire de leur emploi dans les déterminations pathologiques de cette affection sur la *peau*, sur les *muqueuses*, sur le *tissu osseux*.

C'est encore à *Bordeu*, notre éminent hydrologue, que nous devons d'avoir pressenti leur avenir thérapeutique et l'influence de ces eaux appliquées à cette grave maladie. L'observation, en effet, en a démontré les bons résultats ; ce qui jadis était en question, un doute, est aujourd'hui une certitude, une vérité. Les eaux sulfureuses sont désormais acquises à la curation des maladies syphilitiques.

Au nombre des auteurs qui se sont occupés de cette question si importante de pathologie thermale, nous citerons MM. les Drs Astier, Pégot (de Luchon), etc. Ce dernier, dans son essai clinique des eaux de cette localité, apporte à ce débat les faits les plus concluants. Nous lui empruntons la partie de ses recherches qui nous intéresse plus spécialement : elle traite du mode d'action des eaux sulfureuses chez les syphilisés.

Voici comment s'exprime notre distingué confrère :

« Aujourd'hui, c'est une vérité clinique sanctionnée » par une masse de faits publiés ou oralement commu- » niqués par les médecins des eaux thermales sulfu- » reuses, que ces eaux sont un puissant adjuvant pour » combattre les accidents consécutifs de la syphilis, » concurremment employées avec les préparations mer- » curielles, dont elles favorisent l'action thérapeutique. » Leur puissance adjuvante est surtout héroïque lors- « qu'il y a cachexie syphilitique, ou bien lorsque la » syphilis existe chez un individu scrofuleux. En ou- » tre, lorsque l'affection syphilitique est latente ou » qu'elle est liée à une maladie cutanée, ces eaux, » habilement administrées, en favorisent et le diag- » nostic et le traitement. Elles contribuent aussi puis- » samment à neutraliser l'intoxication vénérienne ; en- » fin, par leur vertu puissante de réaction, en rendant » manifestes des syphilis latentes, elles peuvent servir » de pierre de touche pour constater si un individu » qui a suivi un traitement rationnel est parfaitement » guéri. »

Nous n'aurions rien à ajouter à cette description, qui établit et qui résume d'une manière si précise le rôle thérapeutique des eaux sulfureuses appliquées au traitement de la syphilis constitutionnelle, si cette médication, en raison de sa puissance et des accidents qu'elle peut entraîner, n'exigeait dans son emploi les plus grandes précautions et une surveillance de tous les instants. Les eaux sulfureuses n'étant point un médicament anti-syphilitique par lui-même et ne convenant point à la *forme primitive* de cette affection, il est de la plus haute importance d'éviter une action trop vive de l'agent minéral, de le proportionner à la gravité des lésions actuellement existantes, et de tenir compte de l'âge et de la constitution des sujets, de leurs antécédents et des ravages plus ou moins profonds que le virus syphilitique ou que l'abus des médications antérieures auront occasionnés dans l'organisme.

Il vient à Cauterets un grand nombre de syphilisés, et tous les ans nous en avons quelques-uns à diriger. L'échelle graduée de nos sources se prête admirablement à cette médication, pour laquelle nous accordons une préférence aux eaux de *Pauze vieux*, *César*, les *Espagnols*, *etc.*

L'observation suivante nous paraît confirmer au plus haut degré le pouvoir adjuvant des eaux sulfureuses de notre station.

VIIe Observation.

Syphilides; urétrite chronique. — Saison de 1854-55.

M. X..., âgé de vingt-cinq ans, constitution nerveuse, habite une petite ville du département de Lot-et-Garonne.

Appelé par des affaires importantes à Paris, au mois de novembre 1855, il contracte, pendant son court séjour dans cette ville, une *syphilis* qui se manifeste par des ulcérations au pourtour et à la base du gland, et par une *urétrite* assez intense.

Les quelques soins que se donne M. X..., obligé de surveiller ses intérêts, ne suffisent pas à le protéger contre les dangers de l'infection syphilitique.

Un mois après et dès son arrivée, il consulte le docteur Andrieux, qui reconnaît l'existence de deux chancres indurés, et une urétrite, peu intense il est vrai, mais coulant assez abondamment.

Un traitement mercuriel interne est aussitôt institué, des cautérisations profondes et réitérées sont faites aux chancres, des injections abortives à l'urétrite.

Pendant le cours de cette médication, qui paraît être des plus favorables, apparaît tout à coup une *syphilide papuleuse.*

Elle affecte principalement les parties internes des avant-bras et des jambes; çà et là, des plaques muqueuses irrégulièrement disséminées sur l'abdomen.

Cette syphilide résiste à l'usage des mercuriaux longtemps continués, mais suspendus, en dernier lieu, pour cause de fatigue des voies digestives.

Les chancres sont guéris; il n'existe qu'un simple écoulement; quelques gouttelettes de muco-pus, le matin surtout.

Tels sont les antécédents du sujet, tel serait son état actuel, si je n'avais à mentionner la perte des forces, un certain degré de dépérissement et une rougeur érythémateuse de l'arrière-gorge, avec altération du timbre de la voix, suite de *broncho-laryngite,* contractée durant l'hiver qui vient de s'écouler.

Il n'est pas douteux que cette phlegmasie de la gorge ne soit entretenue par l'infection du virus syphilitique.

C'est aux bains de *Pauze vieux,* dont j'ai déjà dit les tendances électives en ce genre d'affection, que j'adresse mon malade, lui conseillant en même temps l'usage des eaux de la *Raillère* en boisson et en gargarismes. Cette dernière source m'a paru le mieux s'adapter à la maladie du larynx et à la susceptibilité gastrique.

Cette prescription est suivie pendant dix jours, après lesquels et sans la discontinuer, j'ordonne des douches générales sur tout le corps, mais plus spécialement sur les parties atteintes; l'eau de *César vieux* en boisson, avec la préparation suivante : *sirop de salsepareille*, 500 gr.; *iodure de potassium*, 25 gr.; à quelques jours de là, deux cuillerées, une le matin et une le soir.

Au dixième bain et à la dixième douche, M. X..., dont l'amélioration est évidente, n'accepte qu'à regret un repos de quelques jours.

Il est bien; les douches, bien supportées, assouplissent ses membres, lui donnent de la force; et par la sueur qu'elles provoquent et la révulsion qu'elles opèrent, elles déterminent un mouvement bien marqué d'excrétion humorale.

Les papules muqueuses s'affaiblissent; elles sont plus pâles et tendent à s'effacer; la voix est plus ferme, mieux timbrée; la coloration de la muqueuse moins sensible. Seule, l'*urétrite* résiste; elle n'accuse même pas cette augmentation de sécrétion, phénomène si habituel de l'usage des eaux sulfureuses.

Le traitement est repris; les eaux de la *Raillère* supprimées et remplacées entièrement par celles de *César vieux*; la douche est au piston et l'iodure de potassium continué.

55 bains, 25 douches, près de trois bouteilles de sirop d'iodure de potassium, une grande quantité d'eau minérale en boisson, et des gargarismes matin et soir, forment l'ensemble d'une médication suivie avec un succès incontestable.

J'ajoute que le malade et moi-même, fatigués l'un et l'autre de la persistance du *suintement gonorrhéique*, je proposai après examen de l'urèthre, et mis immédiatement à exécution, la cautérisation du canal, cautérisation que j'ai si souvent pratiquée dans mon service à l'hôpital de Blaye, et qui presque toujours m'a réussi.

Départ après la deuxième cautérisation; retour au mois d'août 1855. — M. X..., qui m'avait tenu au courant de sa santé, et qui m'avait appris la guérison de sa *syphilide* et le succès de mon opération, n'est revenu, me dit-il, à Cauterets, que pour obéir à une promesse faite et recevoir mes derniers conseils. Sa santé, en effet, est des plus satisfaisantes.

Les eaux de la *Raillère* en bains, boissons et gargarismes; plus tard, celles de *Pauzé vieux* et de *César vieux* en boisson, des douches générales en arrosoir, puis au piston, constituent ce deuxième traitement, devenu d'un intérêt bien secondaire, et qui se termine sans provoquer la moindre apparition syphilitique.

Réflexions. — Nous n'avons pas à revenir sur ce qui a été dit du pouvoir adjuvant des eaux minérales sulfureuses dans le traitement de la syphilis constitutionnelle et des avantages que l'on retire de leur association aux préparations regardées comme spécifiques de cette maladie. L'observation qu'on vient de lire en est une preuve éclatante. Elle témoigne, en effet, de leur action générale, — tonique et reconstituante, — dans les désordres secondaires qui sont sous la dépendance du virus syphilitique ou de l'intoxication mercurielle : leur concours neutralise le passé et favorise en même temps la puissance médicatrice de l'agent véritablement curateur, — le *mercure* et l'*iodure de potassium*.

Toutefois, nous tenons à faire observer que si M. C... n'a pas fait usage de préparations mercurielles, nous le devons à un traitement antérieur régulièrement institué, suivi avec soin et persévérance par le malade, et poussé par le médecin jusqu'aux limites extrêmes, où rationnellement son administration devait être discontinuée.

Nous le devons aussi à une recommandation toute spéciale qui nous avait été adressée à ce sujet. En y cédant, cependant, nous ne tairons pas que si dans les accidents syphilitiques secondaires nous donnons le plus souvent la préférence aux composés mercuriels, — au *proto-iodure de mercure* entre autres, — nous n'avons pas lieu de méconnaître la valeur thérapeutique de l'*iodure de potassium*. Son action *altérante spécifique* et son activité constitutionnelle modérée nous ont paru suffisantes, dans bien des cas, pour amener à elles seules la guérison.

Il en a été ainsi chez ce *dernier* malade.

III

Des eaux de la Raillère [1].

Les eaux de la Raillère, la seule source du groupe de l'ouest, dont nous n'avons fait que signaler l'importance thérapeutique, appliquées au traitement des maladies chroniques des organes pulmonaires, mais auxquelles nous avons dû réserver une large place dans ce travail, *les eaux de la Raillère*, disons-nous, sont limpides, douces et onctueuses au toucher, d'une saveur fade et douceâtre; elles répandent autour d'elles une odeur franchement sulfureuse, et dégagent au griffon de la source et dans la baignoire une certaine quantité de *gaz azote*.

[1] La Société de Médecine de Bordeaux, dans sa séance du 30 décembre 1857, en même temps qu'elle nous honorait d'une médaille d'argent (grand module) pour des travaux antérieurs, décernait *une mention honorable* à ce Mémoire, que nous lui avions présenté sous le titre d'*Étude clinique des eaux de la Raillère*. Nous le donnons en entier. C. D.

D'une température peu élevée (40° centigrades), elles sont, avec *César vieux*, une des sources les plus sulfureuses de Cauterets (0gr 0,204 *sulfure de sodium*); mais, protégées contre une activité trop grande de leurs principes minéralisateurs par la quantité si notable de matière organique qu'elles tiennent en dissolution, les eaux de cette source doivent à cette substance (la *barégine*) et à son calorique, qui ne dépasse que de quelques degrés à peine la température humaine (38° centigrades à la buvette, 35 à 37° au bain), les belles qualités médicales qui les distinguent et aussi cette *spécificité d'action* qui les rend si recommandables dans les affections thoraciques.

Aucune de nos sources ne possède à un égal degré des vertus aussi bienfaisantes; aucune d'elles non plus n'est aussi fréquemment employée. Son action est douce, tonique, légèrement stimulante : elle pénètre agréablement nos tissus, et sous son influence toutes les fonctions de l'économie s'exaltent par une graduation insensible, s'ébranlent sans violence. La circulation s'émeut, le pouls s'élève, il devient plus fréquent, plus rapide; la peau est plus chaude, douce, moelleuse; l'appétit plus vif, les besoins plus impérieux, les digestions plus faciles; les forces générales s'accroissent en énergie; le corps est devenu plus souple, plus agile; l'intelligence elle-même voit son horizon s'agrandir, ses perceptions être plus vives et plus brillantes; tout, en un mot, dans l'organisme, ressent les heureux effets de cette liqueur généreuse dont la puissance plus affaiblie et les qualités moins pénétrantes passeraient peut-être inaperçues, et dont l'activité, cependant plus énergique, provoquerait sans nul doute de graves désordres dans l'application de cette source aux lésions des organes thoraciques, désordres dont il est si important de prévenir l'éclat ou le retour.

Elles sont utilisées en *boisson*, en *gargarismes*, en *vapeurs sulfureuses*, en *bains* et *demi-bains*. Mais trop faibles quelquefois, ou plutôt trop *couvertes* pour combattre avec un égal succès tous les désordres de l'appareil respiratoire, on les associe fréquemment à d'autres sources plus puissantes et plus actives, et de préférence à *César vieux* et à *César nouveau* en boisson, en bains, demi-bains, et aux *Espagnols* en pédiluves.

Dans ces conditions nouvelles, les eaux de la *Raillère* puisent dès lors une énergie thérapeutique sur laquelle il n'est plus besoin d'insister, et qui leur permet de s'adapter aux états morbides les plus rebelles et les plus invétérés, tels que l'*asthme humide*, le *catarrhe des vieillards, etc., etc.*, et de s'adresser aussi à ces formes purulentes de la muqueuse bronchique, qui le plus souvent ne sont que l'expression sympathique d'une altération profonde des organes pulmonaires.

Les eaux de Cauterets, dit François Bordeu, *vont de pair avec les Eaux-Bonnes*. Mais moins actives que ces dernières, dont les médecins ne savent pas assez peut-être la vive excitation et l'impression si directe et si immédiate qu'elles exercent sur les tissus du poumon, les eaux de la *Raillère* ne provoquent que très-rarement ces mouvements désordonnés, ces états hypérémiques et ces hémorrhagies si faciles à déterminer dans un organe dont la sensibilité native s'exalte avec une soudaineté d'autant plus rapide, que la lésion pulmonaire à laquelle s'adresse l'élément *hydro-minéral* présente une gravité plus grande ou des altérations plus profondes.

Mais quoi qu'il en soit de ces différences d'activité minérale que les auteurs ont de tout temps signalées, et qu'explique justement dans la source de *Bonnes* la pauvreté de sa matière organique, le mode d'administration de nos eaux contribue singulièrement à prévenir la trop grande fréquence des accidents que leur emploi peut entraîner. « Les demi-bains dont on fait » le plus grand usage à Cauterets (le malade assis » dans la baignoire, les bras et la poitrine couverts » de flanelle, l'eau arrivant jusqu'à l'ombilic), en » appelant le sang dans la région sous-diaphragma- » tique, tempèrent le mouvement fluxionnaire que » l'usage intérieur de l'eau minérale détermine du » côté des organes pectoraux. Ce traitement est se- » condé par les bains de pieds qu'on va prendre aux » *Espagnols* [1] »

Mais si de cette appréciation rapide et de ce parallèle concis que nous avons fait de ces deux sources, appréciation qu'il ne peut nous convenir de poursuivre plus loin (il est difficile de parler de la *Raillère* sans citer les *Eaux-Bonnes*), nous passons à l'étude pathologique de la source qui nous occupe, nous verrons, sous l'influence de l'agent *thermo-minéral*, se projeter

[1] James, *Eaux minérales des Pyrénées.*

sur l'organe du poumon lésé les effets de son action *virtuelle,* et se dérouler, à quelques exceptions près, les phénomènes suivants :

L'eau minérale est mise en contact avec nos tissus; elle en a pénétré la trame, et va dès lors, sans secousse et sans éclat, réveiller la susceptibilité des centres nerveux.

Lentement réfléchie dans tout l'organisme, elle accuse aussitôt, en vertu de cette *spécificité* que nous lui connaissons, une tendance marquée vers le siége de la maladie, et ne tarde pas, à côté de quelques signes généraux d'excitation qui lui sont communs avec toutes les eaux sulfureuses, mais moins accentués que ceux de toute autre source plus élevée en thermalité et moins protégée que cette dernière par sa matière organique (la *barégine*), elle ne tarde pas, disons-nous, à y manifester sa présence par un état d'acuité, quelquefois même par une aggravation sensible des symptômes existants.

Cette aggravation, qui n'est le plus souvent que momentanée, dont l'action est toute passagère, devient, entre les mains du praticien qui sait en comprendre la valeur et en tirer parti, un des éléments les plus sérieux et les plus actuels de la guérison.

Des douleurs vagues dans le thorax, particulièrement fixées derrière le sternum, entre les deux épaules; une sensation inaccoutumée de chaleur et de sécheresse gutturales et intra-thoraciques, l'altération de la voix, une coloration assez vive, l'injection même de l'arrière-gorge, injection significative qui lui a valu le nom d'*angine sulfureuse*, d'*angine minérale ;* de la toux plus fréquente, coïncidant avec une sécrétion plus abondante et avec une expectoration plus facile de la matière muqueuse, témoignent suffisamment de l'influence directe et excitatrice de l'agent minéral, ainsi que des phénomènes de réaction plus ou moins vive auxquels est soumis l'organe pulmonaire.

A cet état d'une courte durée (de cinq à sept jours) succède une période de calme et de repos, de tolérance de l'eau minérale. Les manifestations pathologiques que nous avons décrites, soit locales, soit générales, vont s'affaiblissant : la toux diminue de fréquence et d'intensité; les sécrétions muqueuses sont moins abondantes, se tarissent même; toute trace de stimulation trop vive tend à disparaître de l'économie, et la cure poursuivrait ses évolutions normales sans autres incidents plus fâcheux, si une lésion trop grave ou des obstacles trop sérieux ne venaient s'opposer à une guérison radicale.

Et, soit qu'alors la lésion à laquelle s'adresse l'eau minérale résulte d'une fonction pervertie ou d'une altération propre des tissus pulmonaires; que cette lésion consiste simplement en une phlegmasie chronique de la membrane muqueuse (quels que soient d'ailleurs les points qu'elle occupe, de sa naissance *pharyngo-laryngienne* jusque dans ses *expansions vésiculaires les plus ténues*), que des fluxions répétées, qu'un état permanent de congestion en ait engoué, hépatisé le parenchyme, ou qu'il en ait altéré ou détruit la perméabilité;

Soit que la vie nerveuse pulmonaire, atteinte dans l'expression régulière de son influx et de sa sensibilité, se manifeste par des désordres intérieurs plus ou moins profonds, plus ou moins continus;

Soit enfin que la lésion, plus grave encore par le fait de produits inorganiques dans l'éponge pulmonaire, ait fait subir à sa trame constitutive un commencement, un premier travail de désorganisation, l'*action curative de l'agent sulfureux* poursuivant l'élément morbide dans ses plus multiples manifestations, puisera dans ses *qualités spécifiques* une puissance complexe qui lui permettra :

1° Par l'excitation *thermo-minérale* qu'elle aura produite directement sur le poumon, par la révulsion salutaire que les bains, les demi-bains et les bains de jambes auront déterminée sur le système tégumentaire, ainsi que par la sécrétion urinaire augmentée, de substituer à une inflammation chronique une suractivité fonctionnelle qui aura pour but de donner une force et une tonicité nouvelles à un organe affaibli, et de le rendre plus apte à chasser les matières qui en obstruent les canaux; de le ramener à des conditions normales de sécrétion muqueuse trop abondante, et d'en suspendre même entièrement la production; de modérer l'état fluxionnnaire continuel ou accidentel de cet organe; de favoriser la résolution des parties engouées ou hépatisées, et en lui donnant une souplesse et une élasticité normales, de le rendre à son entière perméabilité et à l'accomplissement régulier des fonctions de la respiration.

2° Dans les *névroses essentielles*, mais seulement

essentielles, pour lesquelles Bordeu voulait que l'*on fît de l'eau sulfureuse sa boisson habituelle*, de modifier, de régulariser, par les seuls effets de ses principes minéraux et de son calorique modéré, la vitalité de l'innervation pulmonaire pervertie, altérée ; de protéger, de soustraire même le poumon, devenu moins impressionnable par l'usage de cette boisson, à l'action incessante des agents extérieurs et des modificateurs ambiants ; de diminuer, d'affaiblir la durée et l'intensité des crises ; d'en éloigner la fréquence et de préparer pour l'avenir tous les éléments solides qui doivent concourir au but commun, *à la guérison*.

3° Par sa douce et à la fois par sa vive stimulation sur l'organe pulmonaire, et *par ses propriétés éminemment béchiques ;* par son action générale sur l'économie, mais surtout par l'influence si heureuse que les eaux sulfureuses ont la propriété d'exercer sur la circulation abdominale, influence dont on ne peut méconnaître l'importance, et à laquelle nous attribuons en grande partie leurs succès dans les affections de ce genre :

a. De combattre la fatale prédisposition des sujets à la phthisie tuberculeuse et d'en arrêter le développement.

b. Dans sa formation complète ou incomplète, de seconder cet admirable travail d'élimination auquel les forces seules de la nature ne pourraient suffire dans tous les cas : 1° en favorisant la résolution de l'état d'infiltration et d'engorgement des tissus au milieu desquels siége la production tuberculeuse ; 2° en ralentissant ou en suspendant entièrement les mouvements fluxionnaires, les hémorrhagies si graves et si compromettantes pour la vie des malades, auxquels leur présence donne lieu; 3° en préparant leur disparution par la simple voie d'*absorption*, ou en facilitant leur sortie par la voie d'*excrétion;* 4° en isolant enfin le tubercule dans le parenchyme pulmonaire, en le *séquestrant*, pour nous servir d'une expression consacrée, au milieu de tissus désormais rendus à leur sanité primitive, et dont la présence sera peut-être à jamais pour eux inoffensive.

Les observations qui suivent serviront de preuve démonstrative aux vérités cliniques de ces diverses propositions. Le long développement qu'elles exigeaient ne nous a permis d'en donner que l'esquisse succincte et rapide.

Mais en présence de la multiplicité de nos sources et du grand nombre d'observations que réclamerait le sujet que nous traitons, nous sommes obligé de nous imposer une prudente réserve et de ne pas dépasser la limite que nous avons cru devoir nous tracer. Les faits que nous destinons aux affections chroniques des voies respiratoires seront donc peu nombreux, mais du moins suffisants pour nous éclairer sur la vérité des aptitudes thérapeutiques de cette source remarquable, en même temps qu'elle nous montrera, dans la diversité de ses effets curatifs, *cette spécificité d'action* qui la caractérise et que la sience et les malades lui accordent avec une si juste libéralité.

Les lésions fonctionnelles de la muqueuse des voies

aériennes, qui, sous les diverses appellations de *laryngées*, *laryngites folliculeuses*, *angines*, *bronchites*, *catarrhes bronchiques* et *pulmonaires*, se présentent si fréquemment à notre observation, trouvent dans les eaux de Cauterets le secours le plus puissant, et cèdent avec une merveilleuse facilité à l'usage rationnel de notre la *Raillère*.

Mais il est une forme de *bronchite* qu'il ne nous avait pas été donné encore d'observer à Cauterets, et que très-rarement nous avons rencontrée dans notre pratique, entourée d'un groupe de symptômes aussi complexe et de nature aussi persistante : nous voulons parler de la *bronchite nerveuse*, ayant pour cortége incessant une petite toux sèche, continue, rarement convulsive et apyrétique, et le plus souvent sans expectoration.

Qu'elle soit primitive ou qu'elle succède à une bronchite aiguë, son caractère dominant est d'être le plus souvent réfractaire à la thérapeutique ordinaire, et cette résistance si fâcheuse à l'action des médicaments a pour effet d'inspirer aux malades les plus vives craintes et de pénibles préoccupations sur l'avenir de leur santé. Cette affection, cependant, est sans gravité aucune : tels étaient du moins les trois cas que nous avons eu à diriger pendant le cours de la saison dernière.

L'observation suivante, que nous rapportons en entier, nous a paru la plus digne d'intérêt. La longue continuité des accidents, leur résistance opiniâtre à la foule d'agents qui ont été mis en usage pour la combattre, la fatigue morale qu'en avait éprouvée le sujet, méritent d'autant plus de fixer notre attention, que la médication hydrothérapique nous a donné un succès facile et vraiment inespéré par la rapidité avec laquelle les eaux de la *Raillère* ont opéré la guérison.

VIIIe OBSERVATION.

Bronchite nerveuse. — Saison de 1856.

M. Ch..., voyageur du commerce, quarante ans, forte constitution, tempérament sanguin-nerveux, contracte, pendant son séjour à Bordeaux, une bronchite aiguë.

Une toux continue, courte, saccadée, remplace l'état d'acuité de l'affection bronchique, et ne laisse, la nuit et le jour, ni trêve ni repos. Cette toux ne s'accompagne, en dernier lieu, d'aucune sécrétion.

Les émissions sanguines par les sangsues, les antispasmodiques sous toutes formes, les sirops calmants, secondés par l'usage fréquent des révulsifs sur les membres abdominaux, ne soulagent en rien le malade, qui se désespère d'une situation aussi pénible. Les purgatifs salins, seuls, ont paru cependant amender son état, mais si légèrement, que M. Ch..., en désespoir de cause et sur les conseils de son médecin, vient réclamer, dans les derniers jours du mois de juin, le bénéfice des eaux de Cauterets.

La santé générale n'est pas altérée : toutes les fonctions s'exécutent bien, et l'examen de la poitrine, répété plusieurs fois, ne révèle du côté des organes pectoraux aucune lésion appréciable.

Je dirige le malade sur les eaux de la *Raillère*. Il fait usage de cette source en boisson, en demi-bains, et aussi en gargarismes pour combattre une minime coloration de la muqueuse du pharynx. Des bains de jambes aux *Espagnols* sont pris tous les jours durant cinq minutes.

Sous l'influence de cette médication hydro-minérale, la toux perd immédiatement de sa fréquence et de son intensité, et permet au malade un repos dont il n'a pas joui depuis longtemps. Le dixième jour, elle a entièrement cessé.

Pour m'assurer de la réalité d'une guérison aussi rapide, je fais suspendre tout traitement ; mais dès le lendemain la toux reparaît; elle a perdu son caractère de continuité, se montre par accès, à forme convulsive et à de très-longs intervalles.

M. Ch..., qui ne veut pas s'exposer aux chances incertaines d'une plus longue épreuve, reprend au plus vite la médication si salutaire qu'il avait interrompue. J'augmente sa boisson sulfureuse (quatre verrées) et lui fais continuer les prescriptions précédemment conseillées.

La toux disparaît de nouveau, sans qu'une nouvelle tentative de repos, faite le vingtième jour, vienne démentir les espérances d'une cure qui, dès ce moment, paraît assurée.

M. Ch... aurait pu partir; mais, désireux de recueillir tous les avantages qui s'attachent à son séjour à Cauterets, il croit devoir y rester un mois et demi, continuant, à bâtons rompus, un traitement qui lui a été si favorable et consolidant une guérison dont il désespérait.

Cette *bronchite nerveuse* datait de *quatre mois* (1).

Réflexions. — En même temps que s'accomplissait, dans ces quelques jours, une guérison à laquelle ne pouvait croire ce malade, grâce à l'action régulatrice *toute spéciale* que possèdent les eaux de la *Raillère* contre les névroses partielles ou générales de l'appareil pulmonaire, deux autres faits identiques dans leur expression morbide, et comme ce dernier ré-

(1) M. Ch..., quoique radicalement guéri, est venu en 1857 passer Cauterets une partie de la saison.

fractaires aux médications antérieures, étaient soumis à mon observation ; ils avaient pour sujets, le premier, une jeune dame de Bordeaux, d'une constitution délicate, qui, à des intervalles plus ou moins éloignés, avait présenté quelques désordres du côté de la poitrine, et sur laquelle planaient aussi, dans la pensée de son médecin, des souvenirs peu rassurants de lésions pulmonaires qui avaient existé dans sa famille ; le deuxième, un homme d'environ quarante-cinq ans, vigoureux, constitution nerveuse, à qui des fatigues excessives, occasionnées par la direction de ses propriétés, avaient fait contracter depuis quelques années déjà une bronchite nerveuse, moins continue, il est vrai, mais à forme quinteuse et souvent convulsive.

Dans ces trois circonstances, nous avons été assez heureux pour voir les eaux de la *Raillère* ne faire défaut à aucun de nos malades, et nous prouver que, dans ce genre d'affection, leur efficacité était réelle et ne laissait aucun doute sur leur utilité.

IXe Observation.

Bronchite capillaire sub-aiguë. Saison de 1856.

Trois mois environ avant sa venue à Cauterets, Mme Malb..., de Marseille, âgée de cinquante ans, tempérament sanguin-nerveux, est atteinte d'une bronchite capillaire aiguë des plus intenses, affectant le côté gauche de la poitrine.

Négligée dès le début, et les indications thérapeutiques qu'exigeaient la gravité de la maladie et la violence des accidents inflammatoires n'ayant pas été remplies, paraît-il, avec une énergie suffisante, la résolution de la phlegmasie pulmonaire ne s'est opérée que d'une manière lente et très-irrégulière. De là, des accidents consécutifs que l'examen sthétoscopique permet facilement d'apprécier; ce sont : *l'engorgement diffus du parenchyme pulmonaire, l'affaiblissement marqué de la respiration à la base du poumon gauche, des râles muqueux inégalement répartis dans cette région, et du souffle bronchique.* Ces phénomènes s'accompagnent de la persistance de la toux et d'expectoration, de dypsnée et de faiblesse générale.

Il n'y a pas de fièvre, mais la physionomie de la malade est pâle et altérée; elle porte l'empreinte des traces profondes laissées par de vives et longues souffrances. Les fonctions en général s'exécutent d'une manière assez convenable; l'appétit est peu sensible.

Mme Malb... a été saignée, il y a peu de jours à Montpellier, par M. le Dr Vailhé, professeur agrégé, qui désire qu'une nouvelle émission sanguine soit pratiquée avant l'emploi des eaux sulfureuses. La pâleur du sujet, la faiblesse du pouls, sa dépression facile, et plus encore l'état général de la malade, me paraissant des contre-indications suffisantes, je crois devoir passer outre, et dès le lendemain, après une journée donnée au repos, je dirige Mme Malb... sur les eaux de la *Raillère.*

Instituée en vue de ces manifestations pathologiques, de la susceptibilité et de l'état de congestion permanente du poumon, et aussi en vue du peu d'ancienneté de l'affection capillaire, la médication thermale ne consiste qu'en des *demi-bains* d'une durée de *trente minutes* (56 à 57 centigrades), en une *demi-verrée* de la *Raillère* avant et après le bain, additionnée de sirop de gomme, et de *pédiluves* aux *Espagnols* tous les deux jours.

Ces prescriptions sont suivies avec la plus grande réserve et une attention de tous les instants; un régime convenable, un exercice modéré en secondent les heureux effets, qui me permettent, à quelques jours de là, d'augmenter successivement et sans fatigue pour la malade, et la durée du demi-bain (quarante minutes), et la dose de la boisson minérale (deux verrées).

Le mieux se poursuit. Il existe cependant depuis quelques jours un certain degré d'excitation générale qu'attestent la plénitude du pouls, sa force et sa fréquence, une coloration plus prononcée du visage, une température du corps plus élevée et une chaleur moite de la peau. Du reste, cette influence si manifeste de stimulation hydro-minérale est modérée, ne provoque aucune fatigue sérieuse; et, pour ne pas en aggraver l'expression jusqu'ici simplement physiologique, et maintenir cette suractivité fonctionnelle si utile à la résolution de l'organe lésé, il n'est rien changé aux prescriptions premières.

Le calme ne tarde pas à se faire; mais les voies digestives, à leur tour, s'émeuvent et témoignent de leur intolérance minérale par de la diarrhée et des coliques, qui cèdent facilement à du repos et à l'usage de la tisane de riz gommée.

Dès lors, tout marche à souhait : la santé générale se rétablit, les forces reviennent, la toux et l'oppression, momentanément accrues, se dissipent peu à peu ; l'expectoration elle-même tend à se tarir.

Les fonctions respiratoires s'accomplissent avec plus d'ampleur et de netteté ; la résolution des parties engouées s'opère à la fois sur tous les points malades; quelques râles sibilants se montrent çà et là, mêlés à de la crépitation muqueuse que je n'avais pas encore remarquée, et le parenchyne pulmonaire, que l'air pénètre jusque dans ses ramifications vésiculaires les plus fines, ne rend plus douteuse la guérison de Mme Malb... Elle était entière peu de jours après (1).

Réflexions. — L'observation qui précède nous offre un bel exemple des effets curatifs des eaux de la *Raillère*, qui s'harmonisent admirablement avec ces lésions

(1) Comme M. Ch..., Mme Malb... est revenue à Cauterets en 1857. Elle était entièrement rétablie.

hypérémiques du tissu pulmonaire, ces engouements congestifs à forme plus ou moins active, dont ne pourrait triompher l'organisme livré aux seuls efforts de la nature. Nous ne doutons pas aussi que toute autre eau minérale que celle de la *Raillère* n'eût déterminé une susceptibilité trop vive des radicules bronchiques, et n'eût provoqué peut-être même le retour de l'état phlegmasique, alors surtout que le caractère chronique de la maladie était, comme chez Mme Malb..., de date aussi récente.

Le calorique modéré des eaux de la *Raillère*, l'heureuse combinaison de ses ingrédients, l'excitation résolutive de cette source, rendent précieuse son administration. Son action est lente, mais profonde, continue, et son énergie virtuelle décompose avec un succès presque constant ces états fluxionnaires du poumon dont elle fortifie en même temps la vitalité altérée.

Xe OBSERVATION.

Pneumonie chronique. — Saison de 1856.

Au mois de Juillet dernier, M. R..., de Lyon, trente-cinq ans, vient demander aux eaux de Cauterets le rétablissement d'une santé profondément altérée.

En raison de circonstances exceptionnelles, qui se rattachent principalement à une constitution molle et depuis longtemps appauvrie, à une *pneumonie aiguë* succède assez rapidement, et malgré toute l'énergie d'une médication appropriée à l'état du sujet, une *pneumonie chronique.* Cette affection occupe toute la partie inférieure et postérieure du côté gauche de la poitrine, qui porte les traces visibles des larges et nombreux vésicatoires appliqués sur cette région.

La pâleur mate du sujet, ses traits bouffis, son regard terne et sans expression, ainsi que la gêne considérable de la respiration, concourent, avec une très-grande perte des forces, à témoigner de la gravité et de la profondeur des désordres intérieurs dont le poumon est le siége, et que, du reste, vient pleinement confirmer l'examen de la poitrine.

Ils s'expriment par *une matité* considérable de la région thoracique postérieure et inférieure du côté gauche, et par une absence complète de tout *bruit respiratoire;* on constate, en outre, du *râle crépitant muqueux,* mais seulement dans les grandes inspirations, du *souffle tubaire* et de la *résonnance de la voix.*

A ces symptômes indicatifs d'une induration pulmonaire, se joignent la faiblesse et la fréquence du pouls, une expectoration assez abondante de matière muqueuse, et une dyspnée qu'aggrave la conversation pour peu qu'elle se prolonge, et qu'augmente aussi la moindre fatigue.

L'état de M. R... est d'autant plus sérieux, qu'il emprunte une partie de sa gravité à un tempérament très-lymphatique, à des excès de jeunesse et à des antécédents syphilitiques, sans traces appréciables, il est vrai, mais dont le malade craint de n'avoir jamais été bien guéri, et desquels il redoute aujourd'hui le fâcheux retentissement.

C'est donc au milieu de ces diverses conditions pathologiques que s'ouvre un traitement auquel il me paraît utile d'imprimer dès l'abord une certaine activité, non-seulement dans la prescription d'un régime fortifiant et d'habitudes nouvelles, mais surtout dans une dose plus élevée de l'eau minérale en boisson et dans la durée plus grande des bains et des demi-bains.

Je conseille deux verres d'eau de la *Raillère* et chaque jour un demi-bain à cette source (37° centigrades) pendant 20 minutes; après ce temps écoulé, le malade se plongera dans la baignoire et prendra un bain entier d'environ 25 à 30 minutes.

Le cinquième jour, trois verrées. Après chaque bain, M. R... se couchera dans un lit préalablement chauffé.

Malgré ces modifications importantes, au dixième jour l'amélioration est à peine sensible : l'économie est lente, paresseuse, sans réaction aucune; elle semble réfractaire à l'action de l'agent sulfureux.

Bains entiers aux *Espagnols*, le onzième jour; dans la soirée, un verre d'eau de *César* et continuer la *Raillère;* petites douches de cabinet sur la région dorsale malade, de huit à dix minutes de durée, et deux jours après, en généraliser l'application sur tout le corps.

La vigueur nouvelle et la secousse considérable que communique à tout l'organisme l'activité puissante de cette médication; la stimulation générale et la révulsion profonde qu'elle produit à la fois et sur le système circulatoire et sur la peau; les transpirations abondantes qu'elle provoque, amènent dans un court espace de temps les plus heureux effets, que développe au plus haut degré, en vertu de ses tendances électives, le contact intérieur de l'élément sulfureux, porté à à la dose de quatre verrées.

Dès ce moment, la résolution de l'engorgement pulmonaire n'est plus douteuse pour moi; chaque jour apporte avec lui un nouveau progrès, une nouvelle espérance et une plus grande amélioration, que hâte, mais assez imprudemment, la vive impatience du malade, en se faisant administrer, sans ma participation, la *grande douche des Espagnols.*

A cette époque (vingt-ciquième jour), tous les phénomènes sthétoscopiques ont manifestement perdu de leur intensité; la toux est moins fréquente, et les matières expectorées moins épaisses et moins abondantes; l'oppression a sensiblement diminué; inégalement réparti encore dans tous les points du poumon affecté, le bruit respiratoire arrive jusqu'à l'oreille, et la matité thoracique est bien moins prononcée.

Le cœur réagit avec énergie; le pouls est plein, développé; les tissus s'enrichissent, ils sont plus fermes et plus colorés; les forces, l'appétit, le sommeil, sont devenus meilleurs. Tout, en un mot, atteste les profondes modifications organiques qui se sont accomplies en faveur du malade, et me fait concevoir des espérances pour son entier rétablissement.

M. R... reste quinze jours encore à Cauterets ; il continue les bains, boit cinq verrées d'eau minérale, trois à la *Raillère* et deux à *César*, et ne néglige pas de prendre chaque jour la grande douche des *Espagnols*, à laquelle il attribue, non sans quelque raison, la majeure partie d'une amélioration qui n'a fait que se fortifier.

M. R..., dont la convalescence sera longue et difficile, a dû passer son hiver en Italie ; il reviendra sans doute, comme il nous en a témoigné le désir, utiliser à Cauterets une deuxième saison.

Réflexions. — Si l'on jette un coup d'œil rapide sur l'ensemble des éléments morbides qui composent cette observation, et si nous avons été assez heureux pour en faire ressortir toute l'importante gravité, l'on jugera sans doute avec nous qu'elle réclamait la puissante intervention de nos ressources minérales les plus étendues et les plus actives, et que, livré aux seules ressources d'une médication thermo-minérale ordinaire, M. R... eût complétement échoué dans ses espérances de guérison. Nous avons vu combien leur association nous avait été précieuse.

Modifier, corriger la constitution générale du sujet, si profondément altérée, à l'aide de nos moyens les plus reconstituants, telle a été la pensée qui a dirigé notre médication pour arriver jusqu'aux désordres pulmonaires et pour résoudre une lésion dont la profondeur s'effaçait, pour ainsi dire, sous l'état d'inertie d'un organisme vicié par les antécédents les plus malheureux.

Toutefois, nous ne terminerons pas ces longs détails sans mentionner une particularité assez importante.

Quelques jours avant son départ pour Cauterets, M. R... remarqua l'apparition d'une petite tumeur phlegmoneuse qui se forma dans la région axillaire droite; elle s'abcéda pendant le voyage, et se convertit bientôt après en un petit conduit fistuleux, qui n'a cessé pendant tout le cours du traitement de fournir une suppuration séro-purulente.

A cet écoulement ne se rattacherait-il pas un vœu tout organique, qu'autorise, avec quelque raison, la connaissance que nous avons du tempérament du sujet? Ne porte-t-il pas en lui une indication à remplir ou du moins à respecter? Telle a été notre pensée, en soumettant à l'honorable confrère qui dirige la santé de M. R... un incident dont nous avons dû le laisser juge d'apprécier la valeur et l'opportunité.

Nous arrêtons ici nos observations sur les lésions fonctionnelles du poumon et sur les altérations vitales que cet organe peut affecter sous l'influence de divers états pathologiques; et, franchissant le pas immense qui nous sépare de la *phthisie pulmonaire*, nous avons maintenant à faire connaître *la portée thérapeutique des eaux de la Raillère* dans cette redoutable affection, qui se termine presque constamment par la mort.

IV

De la phthisie pulmonaire.

Qu'elle soit acquise ou accidentelle, la phthisie pulmonaire a pour siége habituel le sommet du poumon, et pour signe anatomo-pathologique le plus caractéristique une production morbide, — le tubercule. En contact immédiat avec le tissu pulmonaire, il agit sur lui à la manière des corps étrangers, et détermine, sur tous les points qu'il occupe, une irritation permanente qui tend d'une manière presque fatale, par les transformations successives, nécessaires qu'il subit, à désorganiser le parenchyme pulmonaire. De ce travail incessant d'irritation *mécanique* dans sa période d'*état* ou de *crudité*, de phlegmasie *éliminatrice* dans sa période de *ramollissement* et *d'excavation*, naissent pour l'organisme des conditions pathologiques locales et générales, des hémoptysies, un état congestif du poumon, et de graves lésions dans les principaux viscères et dans toutes les fonctions physiologiques.

La phthisie pulmonaire n'est pas cependant incurable, et l'organisme, soit spontanément, soit aidé par les ressources de l'art, peut dans certaines circonstances, rares il est vrai, résister à cette cause continue de destruction, et ne pas rester impuissant ni complétement désarmé dans ce drame fatal de l'évolution tuberculeuse.

On a admis, en effet, une quatrième période, dite de *réparation* ou de *guérison*, qui se limite, pour M. le Dr Fournet, entre autres, aux seules périodes de *crudité* et de *ramollissement;* mais M. le Dr Boudet, élargissant le champ de cette lutte, l'étend à toutes ses périodes et de diverses manières, par voie d'*absorption*, de *séquestration*, d'*induration* et de *transformation*.

Au milieu de ces espérances de curabilité, trop consolantes pour que nous ayons à les discuter, les eaux de la *Raillère*, en vertu de cette loi *inconnue, spécifique*, qui préside à leur destinée thérapeutique, seconderont, réaliseront même ce mouvement réparateur, ces efforts généreux d'une nature qui ne veut pas se laisser vaincre, qui ne veut pas succomber. Appliquées à propos, administrées aux deux époques les moins avancées de la maladie (1er et 2e degrés), et surtout alors que le doute peut être encore permis, leur action bienfaisante ne pourra que retarder, suspendre la marche de l'évolution tuberculeuse, et prévenir entièrement ou du moins arrêter une catastrophe qui se précipite et qui ne tarde pas à devenir inévitable.

L'observation ci-après n'est point un fait de phthisie pulmonaire ; mais la longue incertitude du diagnostic et les graves complications qui avaient existé et existaient encore nous ont paru dignes d'être mentionnées. Ce sera, si l'on veut bien, une observation transitoire qui nous conduira naturellement à la phthisie proprement dite.

XIe Observation.

Irritation pulmonaire chronique, simulant une phthisie. — Saison de 1855-1856.

Mlle M..., de Montauban, couturière, âgée de 25 ans, tempérament lymphatique-nerveux, fut atteinte, il y a huit ou dix ans, d'hémoptysies fréquentes et d'une telle abondance, qu'elles inspirèrent à sa famille et à son médecin les alarmes les plus vives et les plus légitimes. De ces crises, il résulta une grande susceptibilité des bronches, qui se traduisit par des rhumes fréquents et opiniâtres. Plus tard, et à la suite d'un refroidissement, *pleuro-pneumonie grave*, résolution lente et difficile.

État actuel. Depuis cette époque, la santé de Mlle M... est devenue chancelante; ses forces se sont épuisées, et un amaigrissement de tous les tissus, avec teinte chloro-anémique, n'a cessé de faire les progrès les plus rapides. De l'essoufflement, de la toux, une expectoration muqueuse, peu abondante il est vrai; de la fièvre, la faiblesse et la fréquence du pouls, la perte de l'appétit, une menstruation incomplète, le plus souvent irrégulière : tel est l'ensemble des principaux désordres fonctionnels que présente la malade.

A ce groupe de symptômes, auxquels on ne peut refuser une grande gravité, l'auscultation et la percussion ne fournissent pas de résultats aussi marqués qu'on serait en droit de le craindre. En effet, quels que soient les points de la poitrine que l'on examine et quels que soient les soins que l'on y apporte, partout on constate une vibration et une sonorité normales de ses parois; et les modifications de bruit que présente la respiration sont si faibles, si peu importantes, surtout au sommet du poumon où l'on ne découvre qu'une bien minime exagération du bruit respiratoire, que ce symptôme ne serait d'aucune valeur dans une circonstance ordinaire; de plus, quelques râles bronchiques et sibilants çà et là disséminés.

Quoique tumultueux et précipités, les battements du cœur ne s'entendent que faiblement dans les points les plus éloignés de la poitrine.

Cet examen laisse planer sur la lésion pulmonaire une grande indécision; car si tous les commémoratifs des hémoptysies actuelles, mais n'apparaissant plus qu'à des époques assez éloignées, sont du domaine tuberculeux, la sanité de cet organe ne laisse rien à désirer, en apparence du moins. Aussi, partageant avec mon honorable confrère, le docteur Lasserre, le doute qui existe sur le caractère réel de cette affection, je ne prescris qu'avec la plus grande réserve les eaux de la *Raillère* : elles sont données en demi-bains, tous les deux jours ; et en deux demi-verrées, mitigées avec du sirop de gomme ; pédiluves aux *Espagnols*.

Cette médication est bientôt insuffisante, et je suis obligé, pour la mettre en harmonie avec l'amélioration sensible qu'elle détermine, de lui imprimer une marche plus rapide et une progression qui la rende plus active.

Qu'il nous suffise de signaler, pour éviter à nos lecteurs et à nous-même des détails trop minutieux et désormais sans intérêt, que Mlle M..., après un séjour d'un mois à Cauterets, a vu sa santé se rétablir entièrement, et s'accomplir avec une régularité parfaite la plupart des fonctions altérées jusqu'à ce jour d'une manière si notable.

Au mois de juillet 1856, Mlle M..., que sa belle santé et son embonpoint me font à peine reconnaître, revient à Cauterets. Elle reprend le traitement qui, l'année précédente, lui avait été si favorable, et qui se fortifie, quelques jours après, en lui conseillant les bains de *César* et les eaux de cette source en boisson, mais dans la soirée seulement.

Sous l'influence de cette deuxième saison, Mlle M..., dont j'ai plusieurs fois attentivement examiné la poitrine, a reconquis une santé qu'elle croyait à jamais détruite, et que rendait bien douteuse la gravité et l'ancienneté des désordres qu'elle présentait en 1855.

Réflexions. — Quoiqu'il ne s'agisse dans cette observation que d'une irritation pulmonaire sub-aiguë, sans lésion appréciale du tissu de cet organe, les accidents si profonds qu'elle avait provoqués et les phénomènes morbides qui l'accompagnaient étaient des plus redoutables ; ils eussent fait succomber certainement notre jeune malade.

Cependant, tout a cédé comme par enchantement

à l'usage rationnel des eaux de la *Raillère*. Leur pouvoir réparateur a été constamment à la hauteur des désordres fonctionnels qu'elles avaient à combattre. Les propriétés si *essentiellement spécifiques* de cette source pour fortifier le poumon, en modifier la sensibilité, et pour suspendre les mouvements fluxionnaires dont cet organe était le théâtre, sont indubitables, et son action générale, tonique et reconstituante à la fois, n'a pas été moins efficace, en procédant dans leur emploi avec modération et par une progression de force bien ménagée.

XIIe Observation.

Phthisie pulmonaire au 1er degré. — Saison de 1856.

Mme G... est une femme de 25 ans, mère de famille, qui a présenté, il y a quelques années déjà, tous les *symptômes rationnels d'une phthisie pulmonaire*. Elle s'était entièrement rétablie, lorsque survint, il y a trois mois environ et sans cause connue, une toux sèche qui existe encore, et qui s'accompagne d'un dépérissement progressif.

La poitrine de cette jeune femme est bien conformée, et son examen fait découvrir, au sommet du poumon gauche, l'existence d'une *matité sous-claviculaire* avec *affaiblissement marqué de la respiration*, *l'expiration* étant manifestement *prolongée* et légèrement *souffrante;* on y remarque aussi le bruit distinct de quelques rares *craquements secs*.

Le côté droit, même région, est parfaitement sain.

Mme G... est amaigrie, d'une pâleur souffrante, et la figure empreinte d'une vague tristesse. La toux est assez rare, sans fatigue apparente, et l'expectoration à peu près nulle, même dans la matinée.

La circulation n'est pas altérée d'une manière trop sensible;

le pouls est un peu fréquent, mais assez ferme; les émotions vives réagissent avec violence sur le cœur et y déterminent des mouvements précipités qui augmentent visiblement l'oppression, d'habitude peu considérable. Du reste, l'état général des fonctions est convenable; il n'y a pas non plus d'antécédents hémorrhagiques.

En présence de ces symptômes, qui n'ont pas encore amené dans l'organisme des ravages bien profonds, mais qui cependant s'aggravent d'une *récidive*, je prescris les eaux de la *Raillère* en demi-bains et en boisson, à la dose d'un verre et demi, à prendre trois quarts de verre avant et après le bain; elles sont coupées avec du lait et du sirop de gomme.

En suivant avec une ponctuelle exactitude ces conseils, que secondent un régime léger et fortifiant et un exercice modéré aux heures les plus convenables de la journée, Mme G... ne tarde pas, après huit ou dix jours de l'usage de nos eaux, à ressentir les bons effets de cette médication, dont j'élève chaque jour le degré de force par l'augmentation de l'eau minérale prise à l'intérieur : aussi dit-elle *se trouver mieux*, tout en accusant quelques vagues sensations de fatigue générale et une stimulation légère de l'économie, trop peu saillante pour qu'elle mérite de nous y arrêter plus longuement.

Au quinzième bain, je conseille deux jours de repos, repos tout à fait volontaire; et dès ce moment, en continuant avec une amélioration croissante les soins qu'elle se donne jusqu'à l'avant-veille de son départ, elle quitte Cauterets après avoir pris vingt-cinq bains et bu une assez grande quantité d'eau de la *Raillère*, de une à quatre verrées.

Aussi, mon dernier examen n'a-t-il pas pour but de signaler le raffermissement de la santé de Mme G..., la disparition graduelle de la toux et de l'oppression, l'amélioration survenue dans l'accomplissement plus régulier des fonctions de la vie générale, mais de constater les modifications locales qu'a subies l'organe pulmonaire lésé, sous la double influence de l'élément hydro-sulfureux et de la dérivation salutaire que sa forme balnéaire a produite sur le système cutané.

Les lésions que j'avais constatées *existent encore*, mais si *peu accentuées*, *si faibles* dans leur expression morbide, qu'il n'est pas douteux que toute trace d'irritabilité locale ne soit dissipée, ou que du moins elle ne se soit considérablement affaiblie. Je ne doute pas non plus que l'action thermo-minérale, poursuivant ses effets curatifs, ne domine entièrement le mouvement résolutif imprimé à l'évolution tuberculeuse, et que, dans un avenir peu éloigné, l'organe pulmonaire, devenu complétement perméable, ne soit rendu à l'accomplissement facile de sa fonction respiratoire.

En effet, à une *matité moindre* de la région sous-claviculaire du côté gauche, à une *élasticité plus grande* et facilement perçue des tissus pulmonaires à travers le paroi thoracique, on distingue très-bien toutes les nuances de la respiration, et l'on constate, avec l'absence de tout *craquement sec*, la diminution sensible de l'expiration prolongée.

J'ai revu, deux mois après son départ de Cauterets, Mme G..., et me suis assuré, par un nouvel examen, combien l'état de sa poitrine était satisfaisant, et combien surtout les espérances que je lui avais fait entrevoir étaient sérieuses et fondées.

Mme G..., reviendra passer à Cauterets une partie de la saison prochaine [1].

[1] Mme G..., comme elle nous en avait fait la promesse, est revenue à Cauterets dans le courant de la saison 1857; mais en la retrouvant pâle et changée, j'appris avec un vif regret qu'au mois de mars dernier elle avait été atteinte d'un point pleurétique et d'accidents aigus du côté des voies digestives, accidents qui n'étaient pas encore entièrement dissipés. Cet aveu fut loin de tranquilliser mon esprit, et ce ne fut qu'après un examen attentif de la poitrine, que j'acquis la conviction de la parfaite intégrité et de la bonne tenue des organes pulmonaires au milieu de la maladie si récente qui s'était déclarée.

Pour éviter tous détails inutiles, nous dirons simplement qu'une direction prudente et appropriée au nouvel état de Mme G... nous a permis de la renvoyer entièrement guérie après un séjour d'un mois dans nos montagnes.

Réflexions. — C'est à dessein que nous avons choisi cette observation, qui se fait remarquer par la simplicité des éléments qui la composent, l'absence de toute complication en dehors de la lésion pulmonaire, dont nous n'avons pas à faire ressortir l'habituelle gravité, que rendait plus sérieuse pour nous la juste sévérité de diagnostic de notre honorable confrère le Dr Andrieux.

Il nous a donc été possible, dans le cours de cette médication, de suivre, pour ainsi dire pas à pas, l'action si salutaire des eaux de la *Raillère* dans cette première phase de la phthisie pulmonaire, et de comprendre toute l'influence *médicale spécifique* qu'elles sont appelées à exercer sur les lésions de ce genre, puisque, par les modifications vitales qu'elles impriment à cet organe, elles dissipent la phlegmasie chronique qui frappe son parenchyme, qu'elles en rétablissent les fonctions, et que, si leur action n'est pas toujours assez puissante pour amener la résolution du produit tuberculeux, elle permet d'espérer que sa présence pourra ne plus être une cause efficiente de nouveaux désordres.

XIIIe Observation.

Phthisie pulmonaire au 1er-2e degré. — Saison de 1855.

Le 17 août 1855, le sieur V..., ouvrier menuisier, vingt-cinq ans, stature grêle, constitution nerveuse appauvrie par les excès et par la maladie, antécédents hémoptysiques nombreux, vient réclamer nos conseils dans l'état suivant :

La pâleur du visage, son altération et l'amaigrissement du

corps sont extrêmes; sa voix est faible, la parole entrecoupée; la respiration est haletante, la peau sèche et rugueuse au toucher; toux creuse, courte, profonde, suivie de crachats blancs, aériformes, entremêlés de matière muqueuse. Les battements du cœur sont précipités et retentissent avec éclat dans toute la poitrine; le pouls est petit, filiforme, mais très-fréquent et très-irrégulierement fébrile; sueurs nocturnes, souvent très-abondantes dans la matinée.

L'état des voies digestives est mauvais; la constipation et la diarrhée se succèdent tour à tour : cette dernière est peu opiniâtre; peu ou point d'appétit.

En outre de la gravité générale de ces accidents symptomatiques et d'une étroitesse avec aplatissement antéro-supérieur du thorax (sonorité normale), il résulte de l'examen du malade qu'au sommet du poumon (côté droit), dans les régions *sus* et *sous-claviculaires* et dans la *fosse sus-épineuse*, il existe : 1° une *matité absolue* avec absence de *bruit respiratoire;* 2° des *craquements humides* peu nombreux, mais plus manifestes dans les grandes inspirations; 3° de *l'expiration prolongée* et *avec rudesse; 4° de la résonnance de la voix.*

Au côté gauche de la poitrine et dans ces mêmes points, la respiration est normale, mais sensiblement exagérée.

Le malade se plaint aussi de sensations d'ardeur et de sécheresse à l'arrière-gorge et dans le larynx, accompagnées de mouvements incessants de déglutition. Quoique secondaires, ces désordres appellent mon attention, et je trouve une irritation sub-aiguë de la muqueuse pharyngienne, une rougeur foncée du voile du palais, et une légère hypertrophie des amygdales.

Dans ce groupe de symptômes réunis comme les anneaux d'une même chaîne envahissant dans leurs manifestations morbides tous les organes de l'économie, il est difficile de méconnaître les signes physiques et rationnels d'une phthisie pulmonaire au 1er-2e degré. Cependant, aussi graves que soient ces désordres, et quelles que soient encore la réserve et la prudence que m'imposent les conditions déplorables de ce malade, aucun d'eux ne me paraissant un obstacle sérieux à l'administration des eaux, ni répondre à une contre-indication absolue, immédiate de leur usage, je n'hésite pas à le diriger sur la *Raillère*, dont je conseille les eaux, mais seulement en gargarismes et en boisson, à la faible dose de deux demi-verrées, coupées avec du lait, et à prendre à 30 minutes d'intervalle.

Cette modération obtient du succès. Ces quelques demi-verres ne fatiguent pas les voies digestives, sont bien digérés, et m'engagent à essayer les demi-bains à la même source (20 à 25 minutes) et à augmenter la boisson sulfureuse par doses fractionnées (deux verrées). Cette médication se poursuit sans trouble; elle s'enrichit et se fortifie chaque jour, en élevant progressivement et la durée des bains et la dose de l'eau minérale à l'intérieur, car au 20e demi-bain, le sieur V... en boit quatre verrées; cette quantité n'a jamais été dépassée.

En suivant avec le plus vif intérêt les phases diverses de ce traitement, et en me rappelant les craintes que m'ont inspirées certains incidents, tels que mouvements fébriles assez intenses, abattement, insomnie, troubles passagers des voies digestives, incidents qui, une seule fois, ont nécessité une interruption de trois jours, je suis heureux, arrivé au terme de cette direction délicate, de constater, avec la tolérance désormais complète de l'agent sulfureux, la décroissance rapide des symptômes les plus alarmants, le retour à un état quasi-normal de toutes les fonctions, une meilleure distribution des forces, le besoin et le goût de prendre des aliments, la circulation et la respiration meilleures et plus régulières.

La toux a perdu de son caractère caverneux; elle est aussi moins fréquente; et les signes d'acuité passagère qui s'étaient manifestés sur la muqueuse du pharynx (angine sulfureuse) se sont dissipés, entraînant avec eux la cessation entière de sécheresse et d'ardeur qui en étaient le siége. Depuis quelques jours aussi, les sueurs nocturnes ont disparu, et l'expectoration est devenue moins pénible et moins abondante.

Mais là ne s'arrête pas l'amélioration que les eaux de la *Raillère* ont procurée : le poumon droit était la cause immédiate, réelle de tous ces désordres, de cette altération profonde de l'économie; voyons donc quelles sont les modifications locales qu'elles auront produites et que nous sommes en droit de demander à cette source.

Ces modifications sont grandes et attestent hautement l'action réparatrice des eaux de la *Raillère*, car elles consistent : 1° en une *matité moindre* de la région thoracique droite et supérieure; 2° en une *respiration plus complète*, moins obscure et surtout moins rude et moins prolongée; 3° en *une crépitation vésiculaire* plus fine de l'infiltration tuberculeuse, signe sensible d'un travail de *résorption;* 4° en un affaiblissement marqué de la *bronchophonie*.

Le sieur V... est resté trente-deux jours à Cauterets; un séjour plus long lui était utile, une nouvelle saison lui aurait été indispensable; mais à cette époque, ses ressources pécuniaires étaient épuisées, et il a dû partir : d'ailleurs, disait-il, *je suis guéri maintenant, je suis fort et je puis travailler*.

Réflexions. — En rappelant, mais sous toutes réserves d'avenir, ces bonnes paroles d'espérance, nous ne terminerons pas cette dernière observation sur les maladies de poitrine sans faire remarquer qu'à côté du pouvoir adjuvant et résolutif des eaux de la *Raillère* dans cette période avancée de la phthisie, il n'est pas un organe de l'économie qui n'ait participé à leurs bienfaits, et que tous sans exception ont été ramenés avec une merveilleuse rapidité à des conditions normales d'activité vitale.

Quelle autre médication, dirons-nous en terminant cette étude de la *Raillère*, aurait pu, dans un même temps donné, avec des avantages aussi marqués pour ce malade, remplacer cette source, et eût procuré une amélioration aussi importante?

V

Des névroses et des phlegmasies abdominales.

Les organes ou appareils d'organes contenus dans la cavité abdominale sont nombreux, et les affections qui en dépendent des plus variées. Elles se classent, eu égard à leur gravité et à leur importance thérapeutique, immédiatement après celles dont nous venons de nous occuper.

Mais, comme il ne peut être dans notre pensée d'embrasser toute la série des faits auxquels elles donnent lieu, et que de décrire leurs plus diverses déterminations nous entraînerait trop loin, nous nous renfermerons dans le cadre des maladies que d'habitude nous sommes à même d'observer, et qui, en raison de leur nature, de leur fréquence, des désordres multiples dont elles provoquent l'apparition et de la résistance qu'elles opposent à la thérapeutique ordinaire, sont pour nous tous, malades et médecins, du plus haut intérêt : nous voulons parler des maladies du tube digestif, des névroses, — *gastralgies, gastro-entéralgies*, — des phlegmasies chroniques, — *gastrites, gastro-entérites*, — et de quelques inflammations spéciales de la muqueuse, — *diarrhées, dyssenteries*, — négligeant à dessein, dans cette division un peu abstraite, d'y comprendre la *dyspepsie*, — pour les uns, symptôme ou forme de la *gastralgie*, — pour les autres, au contraire, maladie essentiellement distincte, avec ses particularités morbides, et consistant en un *affaiblissement*, en une paresse des forces digestives de l'estomac.

Il nous serait facile d'établir les distinctions et les nuances qui séparent ces deux affections ; mais comme souvent elles se lient, se soudent, pour ainsi dire, entre elles, et que la *médication sulfureuse* s'applique indistinctement et par les mêmes procédés à leur traitement et à leur curation, nous n'avons pas à insister davantage sur ce sujet, et nous passerons de suite à l'étude comparative des névroses et des phlegmasies des voies digestives, dont nous n'avons qu'à retracer les principaux caractères, et pour lesquelles se montrent souveraines les eaux minérales sulfureuses de Cauterets, *spécialement les eaux de Mahourat.*

La douleur est le signe le plus constant, essentiel, qui unisse les névroses aux phlegmasies chroniques de l'appareil digestif. Obscure, profonde, continue dans ces dernières, s'aggravant par la pression, augmentant après le repas, s'accompagnant de fièvre, de diarrhée, d'amaigrissement rapide, etc., etc., elle est, dans les névroses abdominales, vive, soudaine, quelquefois déchirante ; variable dans son intensité, apyrétique le plus souvent, elle diminue sensiblement par la pression, se calme par le manger réel ou factice, s'accompagne de rapports nidoreux ou acides, de vomissements de fluides gastriques ou bilieux, dans la matinée surtout, et s'exaspère sous l'influence des plus légères secousses morales ou physiques, etc., etc.

Mais si la douleur est le signe commun qui rapproche et les névroses et les phlegmasies abdominales, on peut dire qu'elle en est le seul élément apparent, car les symptômes qui différencient ces deux ordres de faits et les causes qui leur donnent naissance, sont aussi multiples et aussi complexes pour les *gastralgies* et *gastro-entéralgies*, que simples et faciles à apprécier dans les *gastrites* et les *gastro-entérites*. De là, par conséquent, une plus grande fréquence, une résistance plus considérable à la guérison, mais non pas toujours une plus grande gravité dans la production des accidents que ces névroses entraînent. Aussi, en vue de ces diverses particularités et du désir que nous avons de consacrer nos dernières pages aux maladies des femmes, nous tenons à donner l'observation suivante, qui, en nous montrant l'ensemble constitutif d'une *gastralgie*, nous révélera des complications qui sont du domaine de la *gastrite sub-aiguë*.

XIVe Observation.

Gastralgie. — Saison de 1854.

Mme P..., d'Angoulême, âgée de quarante-huit ans, tempérament nerveux, d'une impressionabilité excessive, nature pâle et amaigrie par les souffrances, peau fine, transparente, est atteinte, depuis quelques années déjà, d'une *gastralgie* que des imprudences dans le régime, des fatigues physiques et des affections morales pénibles transforment fréquemment en *gastrite sub-aiguë*.

Mme P... a épuisé, pour se guérir, toutes les ressources de la médecine; en dernier lieu, elle s'est adressée à l'homœopathie, dont elle se félicite, dit-elle, d'avoir fait usage sous la la direction de M. le Dr Bourges, de Bordeaux.

Quoique l'état de Mme P... n'offre rien d'alarmant, sa santé n'en est pas moins profondément altérée, et l'affaiblissement général considérable.

L'estomac est des plus capricieux; l'alimentation souvent difficile, irrégulière; elle se compose de potages, de bouillies, de lait, de fécules, de chocolat à l'eau, et le moindre écart dans ce régime provoque à l'instant même de vives souffrances épigastriques, des douleurs abdominales, des crampes, des vomissements, etc., etc.; la constipation est habituelle.

La langue est blanche, muqueuse; l'épigastre tendu, sensible à la pression, et l'abdomen légèrement rénitent; il n'y a pas de fièvre.

Dans des conditions de santé aussi délicates, Mme P... est mise aussitôt à l'usage des bains du *Petit-Saint-Sauveur* et des eaux de *Mahourat*, à la dose d'un demi-verre avant et après le bain, coupées avec du sirop de gomme, puis deux verrées; elle prend tous les deux jours des douches rectales à *Bruzaud*.

Cette première médication, qui me paraît suffire aux indications à remplir, et de laquelle on obtient des résultats plus prompts qu'on n'était en droit de l'espérer, ne répond pas cependant au gré des désirs de la malade, à son impatience de guérison; elle veut absolument boire les eaux de la *Raillère*, dont elle entend faire de tous côtés le pompeux éloge, passe outre à mes prescriptions, et me cache pendant quelques jours cette infraction à mes conseils. Elle ne tarde pas à être victime de son imprudence.

Et cependant, malgré qu'elle reconnaisse que les eaux de la *Raillère* sont lourdes, que la digestion en est difficile, que les douleurs épigastriques reviennent, Mme P... ne continue pas moins à les boire jusqu'au moment où se montrent des vomissements, des douleurs plus vives, des souffrances plus continues : le ventre se météorise et la fièvre apparaît; à ces accidents sub-aigus vient se joindre le tremblement de terre, qui, en jetant l'effroi dans notre population malade, aggrave sensiblement cet état de choses.

Mais grâce à une médication appropriée, je puis reprendre mon premier traitement, et ma malade, après une saison de quarante jours, après avoir pris ses quatre verres d'eau à *Mahourat*, continué ses douches à *Bruzaud*, être passée à la *Raillère* en bains, a pu rentrer dans sa ville natale achever une guérison dont elle emportait les éléments et les espérances les plus assurées.

En 1856, j'ai revu Mme P... à Blaye même; sa santé était entièrement rétablie; elle conservait de Cauterets le meilleur souvenir et gardait pour les eaux de *Mahourat* la plus vive reconnaissance.

Réflexions. Si la médication pleine de réserve que nous avons instituée, un instant mise en péril par l'imprudence de Mme P..., a pu contribuer aux bons effets que nous avons obtenus, nous sommes en entier redevable de ce succès aux composés spéciaux des sources qui ont été mises en usage.

En effet, par l'action doucement hyposthénisante des bains du *Petit-Saint-Sauveur*, nous avons modéré l'excitation générale, tempéré les irrégularités de la vie nerveuse; par les propriétés spécifiques des eaux de *Mahourat*, nous avons exercé directement une influence sympathique sur la muqueuse gastro-intestinale, et produit sur la circulation abdominale une fluxion spoliative continue et des plus favorables; par l'action stimulante des douches de *Bruzaud*, nous avons provoqué l'évacuation des matières alvines, augmenté les sécrétions acides ou muqueuses de l'intestin, fait absorber une partie de l'eau minérale, et développé enfin dans toute l'économie, sous l'influence combinée de ces divers modes d'action, un ensemble de phénomènes spéciaux propres au rétablissement de l'état normal des organes digestifs.

Aussi, nous rappelant le grand nombre de faits de cette nature que nous avons observés, et n'ignorant pas que les causes de *névropathies abdominales* appartiennent à toutes les conditions sociales; que, souvent inhérentes au sujet, elles résultent fréquemment d'affections morales et intellectuelles, de passions concentrées, d'excès de régime; que très-fréquemment encore elles proviennent du retentissement plus ou moins éloigné d'organes lésés, chez les femmes surtout, des maladies de l'appareil génital, *métrites*, *leucorrhées*, *etc.*, *etc.*, lésions, il est vrai, qui réclament en même temps le concours d'une médication spéciale, nous ne pouvons passer sous silence les avantages que dans ces divers cas l'on retire de l'emploi de nos eaux, et assurer que leur pouvoir curateur est des plus remarquables.

Des maladies des femmes.

En rattachant à la médication *hydro-sulfureuse* les quelques faits que nous avons à présenter sur les maladies des femmes, nous avons à démontrer l'heureuse influence que cette médication exerce sur certains états morbides qui leur sont propres, et à déduire en faveur des eaux minérales de *Cauterets* les avantages réels qui résultent de leur administration.

Nous avons donc à examiner successivement, et dans des paragraphes spéciaux, les états morbides que nous avons eu l'occasion d'observer le plus fréquemment, et qui se rapportent à la *chlorose*, qu'on nous permettra de ne pas trop isoler de l'*aménorrhée* et de la *dysménorrhée*, états bien différents cependant, à la *leucorrhée* et à la *métrite chronique* (engorgements et ulcérations du col); nous donnons aussi un cas très-remarquable d'*hystérie*, « cette affection, dit le Dr Mathieu, » qui, par la multiplicité de ses facettes, qu'on nous » pardonne cette comparaison, mettrait à elle seule » sur la voie du ralliement de tous les phénomènes » nerveux, morbides et physiologiques. »

VI

De la Chlorose.

La *chlorose* (pâles couleurs) est comme le début, comme le premier anneau de cette foule d'affections dont les femmes seules ont le triste privilége d'être atteintes pendant toute la durée de leur vie utérine. Elles apparaissent aux premières époques de la menstruation pour prendre fin à la *ménopause*.

La nature intime de cette maladie nous échappe, et pour en éclairer l'obscurité, il nous faudrait reproduire les trop nombreuses hypothèses auxquelles elle a donné lieu. Ce que nous savons, c'est qu'elle ne résulte pas seulement d'un acte incomplet de l'*hématose*, mais paraît consister surtout en une altération particulière, en un *appauvrissement des éléments constitutifs du sang*.

Tout ce qui peut concourir à débiliter l'organisme, —les tempéraments mous et lymphatiques, l'habitation dans des lieux bas et humides, les passions tristes, une nourriture insuffisante ou peu animalisée, etc., etc., — favorise au plus haut degré le développement de la *chlorose*; mais la cause la plus puissante et la plus active, au dire de tous les auteurs, se rapporte à l'*aménorrhée* et à la *dysménorrhée*, quoique les premiers symptômes de la maladie ne se montrent souvent qu'après la venue des règles.

Dans sa forme la plus simple et la plus ordinaire, la *chlorose* ne relève, pour sa guérison, que de l'usage de préparations martiales et de quelques précautions hygiéniques. Il n'en est pas de même dans sa forme constitutionnelle, alors qu'à l'aggravation des symptômes qui sont habituels à cette maladie, on voit les accidents les plus variés et les lésions les plus graves se montrer du côté de la *circulation*, du côté des *viscères abdominaux*, du côté des *organes utérins* et du côté des *centres nerveux;* il n'y a pas de *chlorose*, dit le professeur Trousseau, sans *névralgies*.

C'est à cette période avancée de la maladie que nous conseillons plus particulièrement les eaux minérales *sulfurées sodiques*, à l'exception de toutes autres, même des eaux ferrugineuses, qui la plupart sont froides, d'une minéralisation à peine sensible et d'une action insignifiante. L'indication de nos eaux est précise et d'autant plus formelle, qu'à côté de leurs éléments d'activité minérale et de leurs propriétés reconstituantes, elles s'adaptent le mieux aux complications existantes, et par la nature de leurs composés et par les ressources balnéaires ou autres, ainsi que par le milieu hygiénique dans lequel il est si important de placer les chlorotiques.

Nous ne croyons mieux pouvoir terminer ce court exposé, qu'en reproduisant l'observation suivante; elle est remarquable par l'ancienneté et la gravité des accidents, et aussi par la rapidité avec laquelle, sous l'influence de la médication sulfureuse associée aux préparations de fer, la maladie s'est amendée.

XVe Observation.

Chlorose. — Saison de 1854.

C'est d'après mes conseils que Mlle D..., pour laquelle j'ai été accidentellement consulté dans le courant du mois de mai 1854, est venue à Cauterets. Cette jeune personne, âgée de dix-neuf ans, est atteinte de *chlorose confirmée.*

Quoique délicate, d'une constitution frêle, mais peu maladive, la santé de Mlle D... s'est altérée rapidement dès l'âge de quinze ans sous l'influence de conditions hygiéniques défavorables et d'une menstruation difficile, et qui ne s'est jamais régulièrement établie.

Aucune direction médicale n'ayant été donnée à la jeune malade pendant près de deux années, et les accidents chlorotiques s'aggravant chaque jour, sa famille, quoique un peu tard, s'émut d'un tel état de choses.

Les soins les plus assidus, une médication appropriée, le séjour à la campagne, en modifiant avantageusement la gravité de cette situation, ne détruisirent pas d'une manière notable les phénomènes de chlorose et n'amendèrent que faiblement certains accidents viscéraux et névralgiques.

Au jour de son arrivée à Cauterets, Mlle D... présente tous

les attributs, tous les symptômes les plus caractéristiques de la *chlorose constitutionnelle : pâleur* et *bouffissure* de la face, *tissus décolorés, physionomie triste* et *abattue,* etc., etc. Les mouvements sont lents, pénibles, l'esprit paresseux. Des palpitations, des étouffements, de loin en loin des syncopes, pendant lesquelles la malade perd à peine connaissance; elle ne peut supporter les moindres émotions ni se livrer à la plus légère fatigue. On observe en même temps des douleurs crâniennes assez vives, et spécialement du côté droit. Est-il besoin d'ajouter que les fonctions gastriques s'exécutent mal, que l'appétit est nul ou presque nul, et que l'estomac est depuis longtemps déjà le siége de sensations les plus anormales?

La menstruation est irrégulière, et lorsqu'elle se montre, elle marque à peine ou donne lieu à un écoulement assez abondant d'un sang pâle et appauvri.

L'examen de la poitrine, qu'une petite toux sèche et assez fréquente nous engage à consulter, ne laisse aucun doute sur la sanité des organes pulmonaires. Le pouls est petit, fréquent; les bruits du cœur et des carotides précipités, éclatants.

En raison de la nature de ces désordres, de la vive impressionnabilité du sujet et d'une certaine appréhension qu'exprime la malade sur le traitement qu'elle va entreprendre, je procède avec une grande modération dans l'administration des eaux, que je ramène progressivement à des proportions d'activité capables de combattre, mais sans ébranlement, un état chlorotique aussi prononcé.

Des bains au *Petit-Saint-Sauveur* (30 minutes) et les eaux de *Mahourat* additionnées de sirop de quinquina (demi-verre seulement avant et après le bain), me paraissent suffire aux premières indications; en outre, je conseille de l'exercice à pied et en voiture, une alimentation choisie et de facile digestion, des lavements chauds tous les deux jours à *Bruzaud*, pour faire cesser une constipation opiniâtre, et rendre plus facile la circulation abdominale.

Au dixième bain, Mlle D..., qui d'elle-même se laisse aller à boire deux verrées d'eau de *Mahourat*, passe à la *Raillère*; dans la soirée, elle prend une douche en arrosoir à *César nouveau;* elle est générale, mais plus spécialement dirigée sur les reins, sur les membres abdominaux et aux régions inguinales.

Tous les matins, *fer réduit par l'hydrogène*, 20 centig.

Au huitième bain pris à la *Raillère* et à la septième douche, les règles apparaissent et sont précédées de leurs symptômes les plus habituels : *douleurs lombaires, coliques, brisement des forces, névralgies crâniennes;* elles coulent convenablement, et le sang, me dit-on, est un peu moins pâle, plus coloré : il y avait deux mois que l'éruption menstruelle ne s'était montrée.

Du reste, la jeune malade accuse un sentiment réel d'amélioration générale ; sa gaieté est en partie revenue, ses forces se réparent, les désordres de la circulation sont moins prononcés, et les voies digestives en meilleur état.

Après un repos de quelques jours, Mlle D..., dont toutes les appréhensions ont disparu, cesse en grande partie la médication que je lui avais prescrite, pour ne faire usage que des eaux de *César nouveau;* leur puissance minérale ne peut qu'agrandir les avantages que jusqu'ici elle a obtenus. Ces eaux sont prises en bains (45 minutes), en douches du Centre au piston (15 à 20 minutes), et en boisson dans la soirée. Tous les matins, deux verrées à *Mahourat*, sirop de quinquina et *poudre de fer* à la dose de 40 centigrammes.

L'amélioration dans l'état du sujet est aussi radicale que le changement qu'a subi ma médication. Mlle D... se sent revivre d'une nouvelle vie; elle a pu faire quelques courses à cheval et se promener à pied, même trop longtemps ; elle poursuit sa tâche avec courage, et part enfin de Cauterets après avoir recueilli de son séjour dans nos montagnes tous les éléments d'une guérison prochaine.

Ces espérances, en effet, n'ont pas été déçues; car Mlle D..., que bien des fois j'ai revue depuis cette époque, est aujourd'hui entièrement rétablie, mariée et mère de famille.

Réflexions. C'est peu à peu et en échelonnant nos procédés curatifs, que dans l'observation qui précède nous sommes parvenu, dans un très-court espace de temps, à ramener dans la santé générale les modifications les plus heureuses, et que, par une meilleure distribution des facultés vitales et l'accomplissement régulier des fonctions de l'économie, nous avons fait disparaître la *chlorose* et reconstitué pour ainsi dire l'organisme tout entier.

Ces résultats, qui ont dépassé nos prévisions, nous les devons à l'ensemble de notre médication, à tous les éléments qui l'ont composée; et cependant, une indication domine l'*état chlorotique* et les altérations organiques si variées qui l'accompagnent ou qui le compliquent, altérations qui réclament à elles seules une direction isolée et dont les viscères abdominaux sont le siége, — l'*inertie des forces abdominales*, la *perversion de la sensibilité viscérale*, la *paresse* ou plutôt l'*affaiblissement de la circulation utéro-abdominale;* cette indication est capitale, car elle tient sous sa dépendance immédiate la plupart des désordres secondaires que l'on observe dans l'économie. Elle a été remplie par les eaux de *Mahourat*, dont la douce pénétration sur la muqueuse intestinale, la facilité de leur digestion, la nature spécifique de leurs composés, en exerçant sur les divers organes de cette cavité leur action la plus bienfaisante et en développant en eux une activité nouvelle, nous ont permis plus tard de recourir à des ressources thermales plus puissantes et plus actives.

Nous ne saurions trop faire l'éloge des eaux de *Mahourat*, qui sont sans analogue dans les Pyrénées.

VII

De la leucorrhée.

On comprend sous le nom de *leucorrhée*, disent les auteurs du *Compendium*, tout écoulement *séreux*, *muqueux* ou *mucoso-purulent* ayant lieu par les *parties génitales* de la femme. Cette définition ne préjuge rien ; elle laisse à l'écart et le siége et la nature de la maladie, que celle-ci soit *acquise* ou *accidentelle*, qu'elle résulte, au contraire, d'une *lésion organique de l'utérus*, d'une *métastase*, ou qu'elle soit due sympathiquement à une *affection chronique des voies digestives*. Au médecin dès lors l'obligation rigoureuse, pour en préciser les caractères et pour en diriger utilement la médication, d'avoir recours à l'examen des parties malades par le toucher, et mieux à l'aide du spéculum.

Mais, d'où que vienne la *leucorrhée*, qu'on en fasse une individualité morbide ou qu'elle se lie à des lésions organiques autres que celles de la *muqueuse utéro-vaginale*, elle est pour la femme, même dans sa forme la plus simple, une affection incommode, de longue durée, et constitue pour elle une infirmité des plus sérieuses et un pénible sujet des préoccupations les plus vives. Quoique peu dangereuse dans ce dernier cas, elle s'aggrave facilement sous l'influence prolongée des causes qui lui ont donné naissance ; et pour peu que la fluxion vaginale devienne abondante, la santé s'altère, et se montrent aussitôt des désordres dans l'innervation, des névralgies viscérales, des tiraillements d'estomac, etc., etc. Elle peut aussi amener la difficulté ou la suppression de l'éruption menstruelle ; on la classe même parmi les causes les plus puissantes de *stérilité*.

Les eaux minérales sulfureuses, en raison de leurs propriétés toniques et stimulantes, et des circonstances accessoires qui en fortifient l'action, répondent merveilleusement aux indications les plus accusées de cette maladie, maladie toujours fâcheuse et d'habitude assez résistante aux moyens ordinaires de la thérapeutique.

L'exemple ci-après, le plus grave de tous ceux que nous avons eu à diriger, en sera la preuve la plus évidente.

XVIe Observation.

Leucorrhée. — Saison de 1856.

Mme G..., créole, quarante ans, n'est venue en France et ne s'est rendue à Cauterets que pour y accompagner son mari, porteur d'une affection psoriasique des mains des plus intenses. Elle est cependant elle-même très-souffrante par suite d'un *écoulement leucorrhéique extraordinairement abondant*. Cet écoulement, paraît-il, a toujours existé; il a pris, depuis quelques années seulement, les proportions les plus alarmantes.

Quoique mariée depuis vingt ans, Mme G... est une enfant par les idées, par les caprices, par une impressionnabilité des plus vives; elle est timide et d'une grande indolence de caractère et de mouvements. Cette dame, qui s'est toujours refusée à réclamer des soins et des conseils, et dont la santé s'est déplorablement altérée, veut bien accepter un traitement thermal, grâce aux pressantes sollicitations de son mari; elle se soumet aussi, mais difficilement, à un examen particulier.

Au milieu des flots muqueux d'un écoulement d'un blanc jaunâtre, assez consistant et d'odeur peu prononcée, je parviens à découvrir quelques érosions légères ayant pour siége le rebord externe de la lèvre antérieure. Le col est rouge, peu sensible et légèrement engorgé.

Bien convaincu qu'il n'existe pas d'autres désordres, qu'il n'y a pas de *catharre utérin,* je portai toute mon attention sur la muqueuse utéro-vaginale, que je trouvai pâle, blanchâtre, et comme épaissie dans sa partie profonde et postérieure. Aussi, en considérant d'une part la fluxion leucorrhéique, son abondance et ses caractères physiques, de l'autre l'état du col, je n'hésitai pas à regarder les lésions de ce dernier organe comme secondaires et comme résultant du contact incessant des matières sécrétées, au milieu desquelles il baignait pour ainsi dire.

Mme G... ne doute pas, après cet examen dont je lui signale toute l'importance et la gravité, de l'utilité d'un traitement devenu pour elle indispensable; je ne lui laisse pas ignorer non plus que son amaigrissement, ses forces perdues, le trouble de la sensibilité, ses larmes faciles, ses digestions lentes et difficiles, les crampes de l'estomac, son appétit si fréquemment douteux, ne se rattachent directement à l'écoulement dont elle est atteinte depuis si longtemps, et pour lequel elle a montré une incurie aussi complète.

La médication consiste : en des bains à la *Raillère* (50 minutes), en des injections minérales pendant la durée des bains, et en une ou deux verrées des eaux de *Mahourat,* coupées avec du sirop de quinquina; trois jours après, douches vaginales à *Bruzaud* en arrosoir (10 minutes).

Douze ou quinze jours de ce traitement, dont les bons effets, secondés par quelques promenades à pied et en voiture et par une alimentation choisie, ne tardent pas à faire sentir leur influence sur la santé générale; ils m'engagent, après un repos obligatoire et après une simple et légère cautérisation des érosions du col, à prescrire les bains des *Espagnols*, les eaux de *César* en boisson dans la soirée, tout en continuant dans la matinée les eaux de *Mahourat* et le sirop de quinquina.

Les douches de *Bruzaud* sont portées à 20 minutes, et leur température abaissée à 18 centigrades.

Mme G... est restée quarante jours à Cauterets; elle a pris 55 bains, 28 douches vaginales, fait usage dans le bain d'injections minérales, et bu en grande quantité et les eaux de *César nouveau* et celles de *Mahourat*, dont elle n'a jamais discontinué l'emploi.

Tel a été l'ensemble d'une médication dont l'action bienfaisante et sans perturbation bien sensible pour l'économie (deux fois il a fallu suspendre les bains des *Espagnols*) s'est manifestée par les changements les plus avantageux dans l'état de la malade. L'amélioration, en effet, est évidente; guérison entière pour les érosions du col; l'engorgement s'est effacé, et la diminution de l'écoulement est si considérable, que Mme G... ne cesse de répéter qu'elle ne l'a jamais vu aussi faible, aussi peu incommode.

Un nouveau séjour, une nouvelle saison eussent été indispensables, des plus utiles à Mme G...; mais le congé de son mari, haut fonctionnaire à l'étranger, expirait à quelques mois de là; il a fallu se soumettre et de nouveau s'expatrier.

Réflexions. Nous avons eu si fréquemment l'occasion d'observer l'écoulement leucorrhéique, il s'est présenté à nous sous des formes si diverses, que, soit que ses déterminations pathologiques fussent primitives, soit qu'elles appartinssent à des particularités inhérentes à l'économie, à des conditions *diathésiques* ou *constitutionnelles*, il est rare que nous n'ayons pas eu un succès ou une amélioration à enregistrer. Il en a été ainsi dans l'observation de Mme G...

Aussi n'aurions-nous pas insisté sur ce sujet, s'il n'avait été de notre devoir de mettre en relief le rôle thérapeutique de la *douche vaginale*, de faire ressortir la *spécialité* des eaux de *Bruzaud* dans les affections des parties génitales de la femme, et de signaler les modifications importantes que subissent sous cette double influence les altérations de la muqueuse *utéro-vaginale*.

Considérée au point de vue de sa température, de sa composition minérale et de sa force d'impulsion, la douche vaginale est un des moyens les plus puissants et les plus efficaces à opposer à la plupart des phlegmasies chroniques de l'appareil génital. Dans la leucorrhée surtout, elle en est l'élément médicateur le plus essentiel; elle en constitue, dans tous les cas, le plus précieux adjuvant.

Son action tonique, fortifiante, la stimulation passagère qu'elle exerce sur l'appareil génital, le mouvement fluxionnaire qu'elle appelle sur les parties malades, attestent sûrement son pouvoir réparateur. La muqueuse vaginale se colore, les tissus se raffermissent, et les sécrétions, un moment augmentées, ne tardent pas à diminuer, se tarissent même le plus souvent.

Sa puissance résolutive n'est pas moins remarquable, moins significative dans son application au traitement des phlegmasies chroniques du corps et du col de l'utérus, *métrites simples, catharrales, granuleuses, engorgements* et *ulcérations*.

Les eaux de *Bruzaud*, dont nous avons eu déjà l'occasion de mentionner les tendances électives dans ce genre d'affections, concourent avec une grande efficacité à ce mouvement curateur. Ces eaux, en effet, puisent dans une altération accidentelle de leurs principes, dans une sulfuration à peine sensible, dans une alcalinité bien plus considérable que celle que l'on remarque dans les autres sources sulfureuses, dans la richesse de leur matière organique (la barégine), des qualités chimiques et des propriétés médicales qui justifient pleinement la préférence que l'on accorde à cette source.

Il n'est pas besoin sans doute de faire observer que dans les maladies utérines, dont nous apprécions toute la gravité, dont nous connaissons l'opiniâtreté considérable et la délicatesse extrême que commande leur direction minérale, nous tenons grand compte de la médication externe par les bains; que nous la regardons comme indispensable, et qu'elle est d'autant plus utile que la plupart de ces états morbides se lient fréquemment, plus fréquemment qu'on ne le pense, soit comme cause, soit comme effet, à des manifestations constitutionnelles, à des lésions et à des exagérations de la sensibilité qui relèvent elles aussi, de la manière la plus immédiate, de la médication *sulfuré-sodique*.

Nous n'entrerons pas à cet égard dans de plus longs développements, préférant de beaucoup nous en rapporter aux faits; et celui que nous plaçons sous les yeux du lecteur est par lui-même trop significatif pour laisser un doute sur les avantages d'une médication que tous les jours nous voyons suivre à Cauterets, que nous employons nous-même, mais que nous n'appliquons cependant qu'avec prudence et une extrême modération.

XVIIe Observation.

Métrite chronique; engorgement et ulcération du col. — Saison de 1854.

Mme N... habite le département de Lot-et-Garonne; elle a trente ans; elle est mariée; tempérament lymphatique-sanguin. Aucun antécédent héréditaire.

Cette dame, d'une santé généralement assez bonne, a été prise, à ses troisièmes couches, d'accidents éclampsiques des plus graves qui obligèrent de précipiter le travail et de terminer l'accouchement par une application de forceps.

La convalescence fut longue, pénible, difficile, et le retour à la santé, depuis cette époque, n'a jamais été complet.

Il résulte de la note consultative que j'ai sous les yeux, que les souffrances de cette jeune femme consistent en des douleurs lombaires et abdominales; que le ventre est légèrement tendu, de loin en loin météorisé; qu'il est sensible à la pression; que ces accidents n'existent pas toujours au même degré, qu'ils sont intermittents, et que la cause la plus légère, — émotions morales, fatigues physiques, etc., etc., — exerce sur la malade l'empire le plus fâcheux. Il existe aussi des sensations douloureuses et de la chaleur intrà-vaginale, le sentiment d'un poids incommode, un écoulement leucorrhéique très-irrégulièrement abondant, épais, d'un blanc-jaunâtre, verdâtre quelquefois, et alors d'une odeur assez prononcée.

La menstruation, au milieu de ces désordres, est encore assez régulière, mais souvent plus abondante que dans l'état normal.

Les lésions secondaires que l'on observe sont assez sérieuses. On constate de l'amaigrissement, une grande paresse des voies digestives, une altération considérable de la face. Toute énergie morale a disparu ; la vie nerveuse est affaissée ; la malade ne demande que du calme et du repos ; il y a rarement de la fièvre.

Ces accidents, qui datent de près de deux ans, époque de l'accouchement, existent encore ; ils ont rendu nécessaire une consultation à laquelle fut appelé le docteur Andrieux ; elle a pour résultat l'examen des parties génitales et l'envoi immédiat de la malade aux eaux de Cauterets, où elle m'est adressée.

Malgré que je fusse édifié sur la nature des lésions existant du côté de l'utérus, je crus devoir confirmer, *de visu*, l'existence d'une *métrite peu grave*, d'un *engorgement considérable du col* et d'une *ulcération* qui siége sur la partie antérieure des deux lèvres du museau de tanche, ulcération profonde, bords rouges et saillants.

Dès le lendemain, 7 juillet, Mme N..., de qui je réclame un séjour à Cauterets d'un mois et demi au moins, commence par les bains de la *Raillère* et par les eaux de *Mahourat* en boisson (un verre et demi), un traitement que je dispose de suite en deux phases bien distinctes : la première en est la plus délicate et la plus importante. Trois jours après, douches vaginales à *Bruzaud* en arrosoir très-fin (durée, 5 minutes ; température, 20° centigrades).

Le sixième jour, 12 juillet, cautérisation profonde de l'ulcération à l'aide du nitrate d'argent ; douches suspendues, injections émollientes froides, repos au lit ; continuer les bains et la boisson minérale.

Le 20 juillet, après reprise des douches, nouvelle cautérisation ; mêmes conseils que précédemment.

Le 24 juillet, les règles apparaissent ; elles sont précédées des phénomènes qui leur sont habituels ; la fluxion menstruelle paraît être plus abondante qu'à l'ordinaire, mais sans avoir le moindre caractère hémorrhagique. Pendant cet écoulement, toute médication est interrompue.

30 juillet, mêmes prescriptions, plus longue durée des bains (45 minutes), boisson minérale (trois verrées).

6 août, troisième et dernière cautérisation.

État du sujet au trente-deuxième jour : Du côté des parties génitales, les cautérisations, secondées par les douches vaginales, ont amené la presque entière cicatrisation des surfaces ulcérées; le col a diminué de volume; il s'est allongé; il est manifestement moins sensible, moins douloureux. Les sensations de chaleur et de poids incommode ont à peu près cessé; l'écoulement leucorrhéique, en diminuant d'intensité, a changé d'aspect; la sécrétion en est blanche, moins consistante, sans odeur; elle est simplement vaginale.

Du côté des désordres secondaires, des viscères abdominaux surtout, l'amélioration n'est pas moins grande. L'appétit est devenu plus vif, les digestions plus faciles, les forces se sont relevées, le sommeil est plus réparateur. A peine si les douleurs du ventre et des reins existent encore; en un mot, l'état d'ensemble du sujet est des plus satisfaisants, et la malade, qui s'entoure des soins les plus minutieux et les plus intelligents, ne désespère plus d'une guérison si impatiemment attendue.

Le 10 août seulement, après quelques courses faites aux lieux les plus rapprochés de Cauterets, Mme N... reprend sa médication; et pour lui imprimer le degré d'activité que réclament les traces encore profondes de la maladie, je n'hésite pas à m'adresser à *César nouveau*, franchissant ainsi des sources d'une importance secondaire; je les prescris en bains et en douches générales (douches dites du Centre), et en arrosoir. Ces douches, cependant, sont plus spécialement destinées à agir sur les reins, sur l'abdomen, sur les régions inguinales, la malade continuant les eaux de *Mahourat* (deux verrées) et les douches à *Bruzaud;* elle prend aussi, dans la soirée, une, puis deux verrées d'eau de *César nouveau*.

Cette deuxième phase du traitement s'accomplit au milieu des progrès croissants de la santé. Mme N... n'a plus que le souvenir de ses longues souffrances, et après deux mois de séjour à Cauterets, elle se sépare de nos montagnes, ne conservant de sa maladie que de bien minimes pertes en blanc et les restes d'un engorgement utérin que le temps seul se chargera de dissiper.

A quelque temps de là, on me faisait connaître que la guérison était entière, complète.

Réflexions. — Ainsi, comme dans la leucorrhée, et dans des conditions organiques morbides ou physiologiques bien différentes, bien plus complexes et toujours d'une appréciation plus obscure et plus difficile, conditions qui tiennent une si large place dans la pathologie sur la femme, qu'elles sont pour elle la source la plus vraie et la cause la plus efficiente de toutes les contre-indications qui s'opposent accidentellement à la médication minérale (fluxions périodiques, congestions actives, métrorrhagies, névralgies à formes aiguës, vives irritations de l'utérus et de ses annexes, etc., etc.), les eaux de *Bruzaud,* en vertu des composés spéciaux qui les minéralisent ; la *douche vaginale,* en vertu de sa puissance, habilement et prudemment administrée ; les *bains*, en vertu de leur action excitante, — révulsive sur la peau, — s'adressent essentiellement aux *lésions utérines* en tout semblables à celles que nous avons observées chez Mme N..., dissipent phlegmasies et engorgements, calment la susceptibilité nerveuse, soit locale, soit générale, en régularisent même les expressions les plus anormales et les plus exagérées ; et si enfin se montrent, sur l'appareil génital, des érosions, des surfaces ulcérées plus ou moins étendues, plus ou moins profondes, réclamant, elles aussi, les indications qui leur sont spéciales, la cautérisation de ces parties, marchant de front avec la médication instituée, hâtera leur cicatrisation et facilitera (c'est un fait pathologique incontesté) une guérison que certainement la thérapeutique ordinaire eût été impuissante à obtenir dans un même temps donné, avec une rapidité égale et dans des conditions de succès plus faciles, plus assurées.

VIII

De l'hystérie.

L'*hystérie*, ainsi que son nom l'indique, est une affection qui appartient en propre à la femme; que caractérisent, pendant les accès, des phénomènes nerveux d'une prodigieuse diversité, et qu'accompagnent, que suivent ou que précèdent d'autres affections nerveuses. C'est une *névrose* apyrétique, de forme chronique, mais aux manifestations les plus multiples et les plus extrêmes; elle embrasse à la fois tous les appareils de la vie, ceux du sentiment, du mouvement et de l'intelligence, et résume en elle tous les désordres de cette nature, toutes les excitations nerveuses qui se rattachent de près ou de loin à l'existence utérine de la femme, et dont l'*hystérie* ne serait pour ainsi dire que le but, le dernier échelon : elle est, en un mot, *l'expression pathologique la plus élevée d'une loi générale de dynamique nerveuse* (Schutzenberger).

Toutes les femmes peuvent devenir *hystériques*, mais toutes cependant ne présentent pas à un égal degré la même aptitude et les conditions physiques ou morbides qui en favorisent la détermination. Pour se produire, pour qu'elle se manifeste, l'hystérie semble exiger certaines prédispositions, le concours d'une *organisation spéciale* que l'on a appelée *utéro-nerveuse*, mais dont la nature intime nous échappe entièrement.

Son siége nous est inconnu. Aussi quelques auteurs, localisant les troubles fonctionnels que l'on observe dans l'innervation, n'ont pas tenu compte, involontairement sans doute, pour en expliquer la diversité et la gravité, de l'insuffisance anatomique que présentent le système nerveux ou les organes génitaux, à moins que l'hystérie ne reconnaisse pour cause une ou plusieurs lésions organiques de l'appareil génital.

Mais au point de vue où nous nous plaçons, et le seul qui nous convienne, avec les éléments de direction que nous avons à opposer à cette maladie, il ne peut entrer dans notre pensée d'éclairer ce difficile sujet et de passer en revue toutes ces opinions. Pour nous, en effet, que l'*hystérie* soit une névrose *cérébrale* ou *cérébro-spinale;* qu'elle réside dans la *matrice* ou qu'elle résulte d'une lésion de l'*ovaire;* que l'on en fasse une dualité morbide dont l'*utérus* et le *système nerveux abdominal* seraient le siége, ou qu'enfin, et selon l'opinion la plus généralement adoptée, elle consiste en un trouble de l'*innervation génitale,* déterminant par irradiation sympathique les désordres nerveux que l'on observe, ainsi que ses accès, l'*hystérie,* par la nature et l'ensemble des phénomènes nerveux qui l'enveloppent de toute part, appartient, à tous les degrés, à la médecine minérale, aux eaux *sulfuré-sodiques* surtout.

Qu'on nous permette cependant, après le choix si large que nous laissons à nos confrères, d'accuser toute notre préférence pour les eaux de Cauterets, dont la série thermale et les auxiliaires puissants nous offrent les ressources les plus variées, et que nous savons être, dans tous les cas et au milieu des complications que cette maladie entraîne nécessairement, à la hauteur de toutes les modifications qu'il est utile d'apporter à un état pathologique aussi intéressant.

XVIIIe Observation.

Hystérie; abaissement du corps et engorgement du col de l'utérus; leucorrhée; fièvre intermittente quotidienne hystérique. — Saison de 1857.

Dans la soirée du 6 juillet dernier, appelé en toute hâte auprès d'une malade arrivée ce même jour à Cauterets, je trouve, couchée sur un lit, une jeune femme, la figure pâle et les traits convulsés, la tête violemment renversée en arrière, la respiration difficile et anxieuse, les muscles de la poitrine fortement contractés. La malade pousse sans cesse des cris inarticulés, et tellement aigus, qu'ils remplissent d'effroi la maison qu'elle habite.

A ces accidents nerveux de près d'une heure de durée, succède un état complet de prostration physique et morale.

C'était une attaque d'hystérie qui avait pour cause une chaleur accablante et la fatigue d'un long voyage.

Mme X... est atteinte au plus haut degré de cette affection, pour laquelle, et sur les conseils de son médecin, elle vient faire usage des eaux thermales de Cauterets.

Mais pour bien se rendre compte de la situation de cette

jeune femme, j'emprunte à la note consultative qui m'a été remise et à celles que j'ai recueillies moi-même, les principaux éléments d'une Observation aussi remarquable par l'intensité et la fréquence des crises, les complications génitales qui l'accompagnent, que par les effets salutaires qu'ont produits les eaux minérales.

Mme X... est âgée de vingt-huit à trente ans; elle est mariée et mère de deux enfants. Ses dernières couches datent de huit années.

D'une santé habituellement délicate et d'une constitution nerveuse-lymphatique, pâle, les tissus décolorés et comme *anémiques*, les forces perdues, l'amaigrissement considérable, cette dame voit chaque jour sa situation s'empirer et désire ardemment un soulagement à ses souffrances.

Cependant, au milieu de tous ces désordres, la menstruation se montre toujours régulière, souvent même trop abondante, eu égard aux forces du sujet.

Les premiers accidents histériques, auxquels aucune cause appréciable ne peut être assignée, remontent déjà à plus de trois années. Observés d'abord à chaque époque *cataméniale*, ils se sont de plus en plus rapprochés, et depuis un an environ, ils apparaissent deux ou trois fois par semaine; ils consistent : 1° en des *convulsions générales* et *très-violentes*, pendant la durée desquelles la malade ne perd jamais entièrement connaissance; 2° en des *étouffements* et des *cris particuliers;* 3° en des *douleurs crâniennes insupportables*.

En outre de ces accidents, tous les jours et à la même heure (midi précis), un *mouvement fébril* se déclare, et à mesure qu'il se développe, *le ventre se météorise, les seins se gonflent, ainsi que le cou et la figure*. Ces mêmes phénomènes se reproduisent à chaque *attaque hystérique*, mais ils disparaissent le plus souvent pendant sa durée.

Il y a aussi des fleurs blanches; les reins sont douloureux et l'abdomen très-sensible à la pression.

Les médications les plus variées ont été employées pour combattre et la maladie et les divers phénomènes qui la compliquent : tout a été essayé, mais sans succès. Le sulfate de quinine a pu enrayer pendant quelque temps la périodicité des accès fébriles.

Deux examens particuliers ont été faits : le premier, au début de la maladie, n'a pas permis de rattacher cette affection à une lésion utérine quelconque; le deuxième, il y a environ un an, accuse un *abaissement sensible de la matrice et un engorgement du col;* mais l'on pense avec raison que l'*hystérie est produite par un état général de la malade, et que cet état, quoique préexistant aux lésions locales que l'on observe maintenant, ne doit pas mettre ces dernières hors de cause.*

En m'assurant moi-même de l'existence des lésions *utéro-vaginales* que je viens d'indiquer, et en leur assignant le rôle secondaire que déjà on leur avait donné, j'embrassai dans leur ensemble tous les éléments de la maladie, conseillant une direction thermale aussi multiple et aussi complexe que les lésions et les phénomènes nerveux que j'avais observés.

Une seule prescription, dont je n'ai eu qu'à surveiller la bonne exécution et fortifier l'activité, a suffi à toutes les indications durant les quarante-cinq jours que Mme X... est restée à Cauterets. Elle consiste : 1° en des bains et des injections vaginales au *Petit-Saint-Sauveur;* les bains d'abord d'une durée de trente minutes, puis de quarante-cinq; 2° dans l'usage des eaux de *Mahourat* en boisson, de une à quatre verrées; 3° en douches ascendantes à *Bruzaud,* en arrosoir et au piston, de dix à vingt minutes de durée et d'une température de 20 à 15° centigrades; 4° en du sulfate de quinine, à la dose de 50° centigrades, tous les matins, suspendu par la cessation de la fièvre et remplacé par le sirop de quinquina (une cuillerée matin et soir, associée aux eaux de *Mahourat.*)

Les bons effets de cette médication sont *immédiats, complets, absolus;* la douceur et la facilité de caractère de ma jeune malade, qui apporte dans l'accomplissement de ce long et pénible traitement l'assiduité la plus rigoureuse, secondent merveilleusement les soins que je lui donne; et ces bons effets sont tels, que, pendant tout son séjour à Cauterets, *aucune crise n'est apparue;* que la fièvre, — la *fièvre hystérique,* — ainsi que les désordres secondaires qui la compliquent, *météorisme* de l'abdomen, *gonflement* des seins, du cou et de la figure, ont cessé entièrement; que la *leucorrhée* s'est presque tarie; que la *matrice* s'est manifestement relevée, et que l'engorgement du col s'est effacé en grande partie. Je ne puis oublier de mentionner qu'une progression aussi favorable se faisait en même temps dans la santé générale, dans la réparation des forces, dans la coloration des tissus, dans un appétit meilleur, et que la menstruation, venue une seule fois dans le cours du traitement, s'est montrée moins pénible et sans désordres bien sensibles.

Au départ, l'amélioration était donc réelle, la *guérison* en bonne voie, les espérances d'un rétablissement très-prochain à peu près assurées; mais je dois le dire, et à regret, ces espérances ne se sont réalisées qu'en partie seulement.

Trois mois après, et la veille du jour où je suis allé la visiter, Mme X..., qui habite à quelques lieues de B..., était surprise de la manière la plus inattendue par une attaque d'*hystérie.* Mais ces attaques, qui depuis cette époque se sont renouvelées, ont perdu totalement leur caractère périodique; elles sont devenues moins fréquentes, d'une durée moins longue et d'une intensité beaucoup moins inquiétante.

Aujourd'hui encore, et au moment où j'écris cette Observation, on peut constater une amélioration évidente et tellement acceptée par la malade, qu'elle fonde sur la saison prochaine des espérances de guérison ou du moins d'une amélioration plus satisfaisante encore et que je partage entièrement.

Réflexions. — Ce n'est donc qu'un demi-succès que nous avons à enregistrer, une amélioration importante sans doute que nous avons obtenue, mais qui ne peut protéger efficacement notre malade contre les périls et les dangers d'une situation aussi délicate.

Aussi, et malgré l'insuffisance de l'état actuel, malgré la pénible surprise que nous a causé le retour de la maladie, nous n'avons pas hésité à publier cette observation, qui témoigne hautement de la portée curative de notre source la plus faible et la moins minéralisée. Rarement, en effet, nous avons vu une saison se poursuivre dans des conditions plus favorables et produire aussi instantanément des modifications plus sérieuses et plus sensibles; plus rarément encore, nous avons vu s'évanouir des accidents nerveux aussi variés, s'effacer des crises hystériques d'une fréquence plus inouïe, et disparaître en même temps des complications plus graves et plus nombreuses.

Mais aujourd'hui qu'un état meilleur de la santé générale et que l'absence à peu près complète de toute complication, de tout désordre secondaire, nous permettent de faire un appel, devenu indispensable même, à des ressources thermales plus considérables, nous ne doutons pas qu'en imprimant à la maladie une marche sensiblement plus active, nous ne les utilisions avec fruit, et nous avons la ferme conviction de triompher, ou du moins d'atténuer largement un état pathologique dont l'ancienneté et la résistance aux médications antérieures se dressaient devant nous comme un obstacle infranchissable, et ne nous laissaient entrevoir que de vagues espérances de rétablissement.

CONCLUSION.

Nous terminons ici la série de nos observations sur les eaux thermales sulfureuses de *Cauterets*, observations qu'il nous eût été pourtant si facile de faire plus nombreuses, de multiplier à l'infini, mais dont le choix, quoique plus considérable et le tableau plus varié, ne pouvaient en rien augmenter l'intérêt, ni rendre plus sensible et plus saisissante la remarquable diversité d'action de nos sources. Nous ne l'avons pas voulu ; car, on a dû le remarquer, la vérité clinique de la plupart d'entre elles nous a été confirmée, et cette vérité nous a paru trop probante, trop entière, pour ne pas satisfaire pleinement au but que nous nous sommes proposé, à la tâche que nous avons entreprise ; mais ce n'est pas à nous qu'il appartient de juger si ce but a été atteint, si cette tâche a été remplie.

Aussi, avant de clore ces pages et de nous séparer de ce sujet que nous aimons, pénétré d'ailleurs, comme nous le sommes, des avantages précieux que présente Cauterets à la médication sulfureuse, si précieux même qu'il nous semble bien difficile de les trouver *ainsi réunis, ainsi groupés* dans une seule et même localité, nous nous estimerions bien heureux, et ce serait pour nous la récompense la plus flatteuse de nos efforts, si, après avoir démontré dans le cours de cette étude l'importance et l'incontestable supériorité de ces avantages, il nous était donné de contribuer, pour une bien faible part sans doute, à la prospérité d'une station que recommandent à tous sa situation, la beauté et la douceur de son climat, et bien plus encore la nature de ses eaux, le nombre de ses sources et le magnifique outillage de ses établissements (1).

(1) Un nouveau journal, la *Gazette des Eaux*, qui, par la variété de sa rédaction et ses utiles renseignements, promet d'être pour la *médecine hydro-minérale* un organe plein d'une importante actualité, publie, sous le titre de *Nouvelles sources à Cauterets*, l'article suivant, que nous nous faisons un devoir de reproduire. Les détails que cet article renferme étaient connus de nous, mais d'une manière trop imparfaite pour en faire part à nos lecteurs. Ils seront lus, nous n'en doutons pas, avec un vif intérêt. C. D.

Nouvelles sources à Cauterets. — « Ce n'est pas seulement à Lamalou-le-Haut que nos richesses thermales s'accroissent; par suite de travaux souterrains conduits avec intelligence, la vallée de Cauterets, déjà si abondamment pourvue, car elle ne compte pas moins de vingt-trois sources exploitées dans neuf établissements, vient de s'enrichir d'un nouveau groupe. Les belles sources de Mahourat et des Œufs, que visitent tous les malades et tous les touristes, ont été récemment l'objet d'un important travail d'aménagement souterrain, dirigé par M. l'ingénieur J. François, et exécuté avec une rare intelligence par M. Balagnas.

» Aujourd'hui, le groupe de Mahourat et des Œufs comprend dix sources sulfureuses dont la température varie de 44 à 60 degrés, et qui ne débitent pas moins de 610,000 litres.

» Ces eaux, conduites par un aqueduc actuellement en construction au sommet de la prairie de Benquès, qui termine d'une manière si pittoresque la vallée de la Raillère, sont destinées à y alimenter un vaste établissement thermal dont la création vient d'être arrêtée par suite de l'initiative si intelligente de M. le baron Massy, préfet des Hautes-Pyrénées. »

FIN.

TABLE DES MATIÈRES.

PREMIÈRE PARTIE.

DEUXIÈME PARTIE.

www.ingramcontent.com/pod-product-compliance
Ingram Content Group UK Ltd.
Pitfield, Milton Keynes, MK11 3LW, UK
UKHW021054200726
13857UKWH00003B/916

9 782012 994560